REFLEXOS DA ALMA

ANA PAULA VALADÃO BESSA
DEVI TITUS
HELENA TANNURE

REFLEXOS DA ALMA

DESCUBRA SUA VERDADEIRA IDENTIDADE

Copyright © 2014 por Ana Paula Valadão Bessa, Devi Titus e Helena Tannure
Publicado por Editora Mundo Cristão

Os textos das referências bíblicas foram extraídos da *Nova Versão Internacional* (NVI), da Biblica Inc., salvo indicação específica. Eventuais destaques nos textos bíblicos e citações em geral referem-se a grifos das autoras.

Todos os direitos reservados e protegidos pela Lei 9.610, de 19/02/1998.

É expressamente proibida a reprodução total ou parcial deste livro, por quaisquer meios (eletrônicos, mecânicos, fotográficos, gravação e outros), sem prévia autorização, por escrito, da editora.

Dados Internacionais de Catalogação na Publicação (CIP)
(Câmara Brasileira do Livro, SP, Brasil)

Bessa, Ana Paula Valadão

Reflexos da alma: Descubra sua verdadeira identidade / Ana Paula Valadão Bessa, Helena Tannure, Devi Titus. — São Paulo: Mundo Cristão, 2014.

1. Autoestima 2. Espiritualidade 3. Identidade 4. Inspiração 5. Mulheres cristãs — Vida religiosa I. Tannure, Helena. II. Titus, Devi. III. Título.

14-02732   CDD-248.843

Índice para catálogo sistemático:
1. Mulheres: Guias de vida cristã 248.843
Categoria: Inspiração

Publicado no Brasil com todos os direitos reservados por:
Editora Mundo Cristão
Rua Antônio Carlos Tacconi, 79, São Paulo, SP, Brasil, CEP 04810-020
Telefone: (11) 2127-4147
www.mundocristao.com.br

1ª edição: agosto de 2014
5ª reimpressão: 2015

Para as mulheres brasileiras.
Que ao olharem no espelho vejam o reflexo
de Cristo — seu valor, caráter e coração.

Amamos vocês,

Ana, Devi e Helena

SUMÁRIO

Agradecimentos	9
Prefácio	13
Introdução	17
1. A mulher aos seus próprios olhos	27
2. A mulher aos olhos da família	65
3. Os homens aos olhos das mulheres	85
4. A mulher aos olhos dos filhos	101
5. A mulher aos olhos de Deus	121
Conclusão	137
Sobre as autoras	145

AGRADECIMENTOS

Agradecimentos de Ana Paula

Ao meu Gustavo, sonho realizado, cura de Deus em minha vida. Obrigada por me incentivar sempre, por pastorear meu coração e por me fazer sentir a mulher mais feliz do mundo! Com você vou cada vez mais longe, debaixo da sua proteção e impulsionada pela sua força.

Aos meus filhos, Isaque e Benjamim, milagres de um Deus que faz da estéril uma alegre mãe de filhos. Desde que vocês chegaram, minha vida ficou mais risonha, mais leve, mais divertida. Como canto, aqui repito: "Nunca imaginei poder amar assim. Querer alguém tão bem, mais do que quero a mim. Meu(s) filho(s), você(s) tem(têm) o amor da mamãe para sempre."

À minha mãe, Renata, meu primeiro espelho de mulher. Simples, alegre, virtuosa. Mamãe, palavras não são suficientes para agradecer o privilégio de ser sua filha e de poder enxergar todos os dias um referencial a ser seguido.

À Ezenete, obrigada por sua amizade, aliança, por gerar-me em Deus e em seus propósitos. Sua sabedoria e suas orações são de valor incalculável. Não me lembro de nenhuma conquista em minha vida em que você não tenha batalhado ao meu lado. Este livro é mais uma dessas vitórias, fruto de suas orações e de sua mentoria.

À Mundo Cristão, especialmente ao Renato, à Silvia e ao Maurício. Obrigada por investirem nas mulheres brasileiras em nossos congressos e na publicação de livros para esse público tão importante. Obrigada por me incentivarem como autora nacional. Agradeço a Deus por ter me enviado uma editora tão excelente e com o mesmo coração que me move.

Às mulheres Diante do Trono, que me encorajam com seus testemunhos nos congressos e nos cultos mensais, incentivando-me a prosseguir nesse ministério. Obrigada por corresponderem intensamente. Vocês são solo fértil e as sementes plantadas estão frutificando e sarando suas vidas, suas famílias e a nação.

À Helena, minha amiga de tantos anos e que permanece! Você sempre foi uma das pessoas que eu mais gostei de ter por perto, para rir (gargalhar) junto, chorar junto e aprender com suas histórias e lições. Eu a admiro como mulher completa! Obrigada por somar comigo sempre — e, também, neste livro tão especial.

À Devi, que Deus colocou em minha vida quando morei em Dallas, em um momento tão importante para mim como esposa e mãe. Obrigada por ter me amado sem nenhuma pretensão. Mal podíamos imaginar que, juntas, no Brasil, ministraríamos a milhares de outras mulheres. Quando eu crescer, quero ser igual a você!

Ao Pai celestial, por me ter criado mulher. Obrigada por me dares valor a ponto de entregar teu Filho, Jesus, para me redimir. Obrigada por me ensinares a cada dia como seguir teu modelo para a verdadeira feminilidade, restaurada em Cristo. Obrigada pela tua Palavra e pelo teu Espírito. Obrigada por me fazeres uma inspiração para outras mulheres. Obrigada por este livro. A ti toda a glória!

Agradecimentos de Devi Titus

Reflexos da alma é um projeto coletivo, que me obriga a refletir com gratidão sobre as pessoas importantes na minha vida, que tornam este livro autêntico e que possibilitaram sua existência.

À minha mãe e ao meu pai, que sempre deram apoio e incentivo a tudo o que eu queria fazer. Eles viveram de modo piedoso e verdadeiro, o que despertou em mim o desejo de conhecer a Deus.

Ao meu marido, Larry Titus, que por mais de cinquenta anos me ama, acredita em mim e me incentiva em diferentes fases do meu desenvolvimento. Sua vida de oração tem me levado a dobrar os joelhos em busca da intimidade com Deus. Sou eternamente grata por sua liderança e seu exemplo para nossos filhos, que são ambos piedosos. Compartilhamos cinco gerações de retidão em nossa família.

Aos nossos dois filhos, Trina Titus Lozano e Dr. Aaron Titus, que fizeram escolhas piedosas em sua vida. Eles também formaram famílias piedosas. Isso significa que os nossos seis netos estão agora instruindo nossos nove bisnetos a amar ao Senhor de todo o coração. Vivemos bênçãos em diferentes gerações de nossa família.

À Ana Paula Valadão Bessa, essa dama de valor inestimável, que demonstra sabedoria incomum para alguém de sua idade. Sua paixão e seu impacto espiritual no Brasil são incomparáveis. Deus nos pegou de surpresa para uma parceria ministerial, que tem como objetivo trazer cura e restauração à vida das mulheres e restauração da dignidade e da santidade do lar. Obrigada por confiar em mim e por abrir uma porta para a sua nação. Eu amo sua cultura e seu povo, que agora também é meu. Sou uma brasileira adotada, em pele americana.

À Helena Tannure, que tem uma inegável voz de sabedoria prática. Nas muitas conferências em que estivemos juntas, vi que ela sempre eleva as mulheres a um nível superior. Ouvi-la, ainda que por meio de meu tradutor, me faz rir e chorar ao mesmo tempo. Sua vulnerabilidade e autoexposição leva as pessoas a querer abraçar a verdade relevante que ela traz. É uma grande alegria compartilhar esta aventura com Helena.

A todas as mulheres que participaram de conferências e às igrejas onde tive o privilégio de ministrar. Obrigada por me receberem e por buscarem com fervor o plano de Deus em sua vida. A imagem das mãos levantadas para o Senhor, das lágrimas escorrendo pelo rosto e dos semblantes sorridentes ficou impressa a fogo, para sempre, no meu coração.

Enquanto você lê este livro e reflete em sua alma sobre as diferentes facetas de quem você é para o Senhor — e de quem ele é para você —, saiba que você personifica a grandeza do nosso Deus. Que o Senhor abençoe a sua vida além de seus maiores sonhos. Deixe o poder do amor e da paz de Jesus Cristo reinar em todas as áreas de sua vida.

Agradecimentos de Helena Tannure

A Deus, a razão de tudo, por saber que ele fará com o pouco o infinitamente mais.

À Ana Paula e à Devi Titus, pela inspiração, pelo ensino e pelo privilégio de fazer parte deste projeto.

Ao editor Maurício Zágari, por tornar minhas palavras ainda melhores.

À minha família, por todo o suporte e o amor de sempre. Amo vocês!

Prefácio

Reflexos da alma é mais um valioso instrumento com que o povo de Deus conta para o fortalecimento de lideranças femininas no Brasil. Fiquei maravilhada com o trabalho sério, prático e abrangente que é oferecido para o crescimento espiritual da mulher cristã nas páginas que você lerá a seguir.

Durante anos, as mulheres têm sido reduzidas a seres imaturos, agentes de conflitos nas igrejas e até mesmo na sua vizinhança. Mesmo diante da ascensão da presença feminina em quase todos os setores, ainda ouvimos piadas que se referem às mulheres como seres complicados e não muito confiáveis.

Deus tem trazido uma compreensão mais clara sobre a mulher que ele idealizou e criou e sobre seu poderoso e importante papel nos diversos âmbitos da Igreja e da sociedade. Todas nós podemos ser como Deus quer, quando nos entregamos totalmente à sua vontade. Este livro é uma linda vitrine que mostra quão maravilhoso Deus é e como ele nos vê — a mim e a você, mulher cristã. Somos tão especiais aos olhos do Senhor que ele nos capacitou para formar e manter um lar, para servir a comunidade e ser agentes de transformação por meio de atitudes corretas.

14   REFLEXOS DA ALMA

Mulheres como Helena Tannure, Devi Titus, Ana Paula Valadão Bessa e muitas outras que Deus tem usado nesses últimos anos para falar com experiência e resultados estão dando visibilidade à mulher que Deus chama, capacita e unge para um tempo de crise do modelo feminino na sociedade. Nunca vimos uma crise igual à atual, pois a mulher, apesar de ter alcançado sucesso e destaque em todas as áreas profissionais, se mostra mais infeliz e menos realizada — porque está sem direção e solitária, levando uma vida vazia e sem propósito.

O Brasil clama por mulheres e homens com atitude, que mostrem soluções aos problemas sociais tão excludentes. Milhares de crianças, por exemplo, sofrem com a falta de vínculos familiares, a distribuição desigual de renda por má formação educacional e o investimento ineficiente em áreas sociais, além da violência — que torna o cidadão refém em sua própria casa. Esses e outros problemas estão clamando nas portas das igrejas por resultados que tragam transformação urgente ao nosso país. Por isso, creio que este livro pode provocar resultados tremendos e extremamente positivos em muitas famílias por todo o Brasil. Creio, também, que trará mudanças nas igrejas e nas comunidades.

Eu recomendo este livro para mulheres de todas as classes sociais, pois trata-se de uma conversa agradável, que fala ao coração e que, com certeza, vai contribuir para a cura de marcas que carregamos e que nos incomodam.

Também sugiro que este livro seja usado para aproximar de Deus as mulheres que ainda não conhecem Jesus como seu Salvador e amigo. Além disso, seu conteúdo é adequado a mulheres cansadas e que buscam um propósito para sua vida, mas ainda não conseguiram determinar seu papel na família e na sociedade.

Por sugestão do meu esposo, recomendo este livro para os homens, especialmente pastores e líderes, que desejam trazer maior plenitude às mulheres, famílias e aos ministérios de sua igreja local e de sua comunidade.

Nesta obra, vemos os reflexos da alma que clama por sentido e realização. E, em Jesus, os reflexos adquiridos por nossa história de vida são perfeitamente transformados pela Palavra de Deus e se tornam relevantes, para sermos o espelho de Cristo para um mundo em trevas.

Leia e deleite-se na presença do nosso Criador e amado de nossa alma, aquele que nos ama e nos torna cada dia mais lindas e realizadas, para sua honra e glória: Jesus Cristo.

Boa leitura!

SIMÉA DE SOUZA MELDRUM
Pastora anglicana na Paróquia
Água Viva, em Olinda (PE)

Introdução

Ana Paula Valadão Bessa

Lembro-me, como se fosse hoje, do dia em que vi aquele quadro. Eu tinha acabado de ministrar o louvor em uma igreja e ele estava ali, na sala que havia atrás do púlpito, pendurado no alto de uma parede. Não era uma pintura rebuscada nem mesmo bonita a ponto de me chamar tanta atenção. Naquele momento, porém, eu estava bastante sensível ao Espírito Santo e acredito que foi ele quem me mostrou e me fez atentar para aquela pintura. Passei a perceber o significado, a mensagem transmitida por aquela obra de arte simples, mas intrigante, que retratava uma mulher diante de um espelho. O reflexo que ela via, no entanto, era formado por palavras. Cada letra fora devidamente posicionada para que o rosto da mulher aparecesse formado pelas palavras dentro do espelho.

Acho que todas nós, ao olharmos para o espelho, também temos nossa imagem formada por palavras. Palavras que vêm à nossa mente sem ser de propósito. Elas simplesmente surgem, como que do inconsciente. Palavras que escutamos desde o ventre da nossa mãe, na nossa infância, na adolescência, nas circunstâncias da vida que vão moldando a maneira como enxergamos a nós mesmas. Palavras boas ou ruins. Palavras que podem ter sido marcadas em nosso coração pelo amor

REFLEXOS DA ALMA

ou por mentiras dolorosas sussurradas pelo inimigo de nossas almas — que só vem para matar, roubar e destruir (Jo 10.10).

Fiquei pensando sobre que palavras eu via quando me olhava em algum espelho. Que termos me definem aos meus próprios olhos? O que vejo quando minha imagem é formada naquela superfície fria e brilhante? Acredito que não apenas eu, mas a maioria das mulheres se olha no espelho muitas vezes ao dia. De manhã, ao acordar; durante o dia, para retocar o batom; e, até mesmo, quando passo diante de uma vitrine, instintivamente olho para conferir o meu reflexo, a minha imagem projetada na vidraça. Geralmente corrijo a minha postura e já fiquei até sem graça quando alguém perto de mim percebeu que eu me olhava na parede de vidro, na fachada da loja. Isso também me acontece em elevadores com espelho. Eu sempre olho meu reflexo, mas, quando entra mais alguém, paro de me olhar e fico desconcertada. E as palavras?

> *Que termos me definem aos meus próprios olhos?*

Até algum tempo atrás, não eram boas as palavras que eu pensava sobre mim mesma quando via meu reflexo no espelho. Eram palavras duras, que subiam de algum lugar escuro do meu coração. Eram palavras contra mim mesma. Acusadoras, ferinas, difíceis de confessar aqui. Mas acredito que alguém possa se identificar com minha experiência, com as minhas mazelas, e ser, de alguma maneira, curado. "Feia", "pele furada", "olhos grandes", "olhos tristes", "boca grande", "baixinha", "quadril largo demais", "cabelo feio", "barriguda",

INTRODUÇÃO 19

"gorda", "voz irritante", "chata", "indigna", "incapaz"... E a lista de ofensas a mim mesma seguia nessa direção.

Apesar de ter sido privilegiada por nascer em um lar evangélico, com pais amorosos que me ofereceram aceitação, carinho e segurança, havia um buraco em meu peito que ardia com a minha autorrejeição. Não sei explicar, mas parece que poucas palavras negativas são suficientes para fazer um grande estrago. Elas provocam um barulho tão alto que podem nos ensurdecer e não escutamos mais nada. Elas marcam o coração do ser humano muito mais do que podemos imaginar. As palavras que definem nossa identidade — ou melhor, a maneira como nos enxergamos — surgem de experiências que traduzimos em palavras. A chegada de um irmãozinho novo que rouba o colo da mãe, experiências de rejeição na escola ou entre amigas na competição imatura da adolescência, o fracasso em algum desafio, a perda de um ente querido, a traição do cônjuge, os sonhos que parecem nunca se realizar: experiências assim são traduzidas em palavras que ferem um coração sensível e ansioso por aceitação. Imagino a dor de uma menina que sofreu, por exemplo, abandono, violência ou abuso sexual — certamente a angústia alcança níveis profundos na alma e marcam a maneira como a mulher se vê.

> *Parece que poucas palavras negativas são suficientes para fazer um grande estrago. Elas provocam um barulho tão alto que podem nos ensurdecer e não escutamos mais nada.*

20   REFLEXOS DA ALMA

Não são poucas as mulheres que chegam a desejar a própria morte. Ao despertar para um novo dia, elas não têm alegria de viver. Levantam-se da cama e, antes de dar o primeiro passo em direção ao banheiro ou ao guarda-roupa, vestem a alma com o velho manto da depressão, da amargura, do ressentimento, do medo e da frustração. Ao se olhar no espelho, uma mulher assim vê seus olhos sem brilho, os ombros caídos e o fardo pesado que ela terá de carregar por mais um dia. Do lado de fora, algumas ainda têm forças para se maquiar e tentam esconder a palidez de sua expressão. A roupa que veste o corpo pode até ser colorida, mas os trapos da alma são opacos, de cores fechadas ou apagadas.

Algumas mulheres reagem lançando-se ao outro extremo. Tornam-se arrogantes, nervosas, vingativas, independentes. Algumas são batalhadoras, conquistadoras. Pode ser que passem por cima de tudo, e nada, nem ninguém, consegue pará-las. Mas o que pode estar por trás de um jeito firme e determinado, às vezes impetuoso, é a mesma ferida, o mesmo buraco, o mesmo vazio: a rejeição. Esse sentimento pode se manifestar como um sistema de defesa pessoal, uma resistência que beira a insensibilidade. Debaixo da armadura dessa guerreira esconde-se uma lepra, assim como a de Naamã. "Naamã, comandante do exército do rei da Síria, era muito respeitado e honrado pelo seu senhor, pois por meio dele o Senhor dera vitória à Síria. Mas esse grande guerreiro ficou leproso" (2Rs 5.1).

Imagine como era Naamã. Ele devia vestir-se de roupas muito bonitas e repletas de insígnias de honra e de autoridade. Quem o via o respeitava, afinal, era um homem valente e guerreiro de muitas batalhas e vitórias. Mas, quando Naamã

INTRODUÇÃO   21

chegava em casa, precisava tirar aquela farda pomposa. Ele tinha de se desnudar diante de si mesmo e era confrontado com a dura realidade da lepra. O comandante sabia da sua enfermidade, da sua desgraça. Seus relacionamentos familiares também sofriam com a lepra. Naamã não podia esconder a doença de sua esposa e de seus filhos. Até mesmo os empregados, os servos mais próximos, sabiam daquela praga. Ali, na intimidade, o grande guerreiro não podia ocultar a verdade: ele era leproso. Naquela época, os leprosos eram retirados do meio da sociedade. Não havia remédio para ele. Sonhos, projetos, dons e talentos, conquistas alcançadas, tudo estava debaixo da sentença de morte.

Você conhece a história. Naamã foi curado por Deus quando se despiu e mergulhou nas águas do rio Jordão. Diz o relato da Bíblia: "Assim ele desceu ao Jordão, mergulhou sete vezes conforme a ordem do homem de Deus e foi purificado; sua pele tornou-se como a de uma criança" (2Rs 5.14).

Imagine, agora, a alegria de ser curado! A sentença de morte foi retirada! Naamã foi restaurado à esperança, a um futuro de paz e amor ao lado da família, dos amigos e dos companheiros de batalhas. Ele agora podia se olhar e enxergar uma pele saudável e limpa, bonita como a de uma criança. Eu gosto muito desta expressão: "Como a de uma criança". Para mim, ela significa uma obra restauradora tão perfeita que é como se a pele de Naamã jamais tivesse sofrido aquele mal. Era um verdadeiro recomeço. O comandante não precisaria mais se esconder, pois não tinha mais do que se envergonhar. O guerreiro não precisaria mais se isolar. Ele não era mais um risco, alguém danoso para as pessoas ao seu redor. Certamente os que mais se alegraram com ele foram as

22 REFLEXOS DA ALMA

pessoas mais íntimas, as mesmas que eram as mais afetadas pela sua doença. Esposa, filhos, amigos chegados, companheiros de luta. Esses podiam, enfim, relacionar-se com um homem curado.

Se pensarmos nas mulheres que escondem a "lepra" debaixo de suas fardas bonitas, por trás das patentes de honra e dos títulos que carregam, poderemos oferecer-lhes a mesma resposta que o homem de Deus trouxe a Naamã. "Eliseu enviou um mensageiro para lhe dizer: 'Vá e lave-se sete vezes no rio Jordão; sua pele será restaurada e você ficará purificado'" (2Rs 5.10). É claro que não estamos falando de uma doença física, muito menos de lavar-se literalmente no rio Jordão, em Israel. Falamos da mensagem figurada nesse exemplo bíblico — que se aplica às feridas da alma que escondemos. É a lepra na personalidade, no temperamento, no jeito de ser e se relacionar, a rejeição que ameaça matar tudo de bom em nossas vidas, que faz com que nossos relacionamentos mais íntimos sofram e sejam destruídos.

Para sermos curadas como Naamã, precisamos ter a coragem de nos despir. É nessa parte do processo que muitas mulheres desistem. Para elas, o processo de desnudar a alma e revelar as feridas é muito doloroso e, por isso, são tentadas a retroceder. Pode ser humilhante mostrar-se frágil e necessitada de ajuda, mas não existe outro caminho até Deus, pois "Deus se opõe aos orgulhosos, mas concede graça aos humildes" (Tg 4.6). Portanto, eis a resposta: "Humilhem-se diante do Senhor" (Tg 4.10) — esse é o primeiro passo. E os degraus da humilhação e do quebrantamento continuam nos levando para mais perto de Deus, que é a fonte de cura, vida e restauração. Diante dele precisamos "descer do salto",

INTRODUÇÃO 23

tirar as máscaras, ser verdadeiras e sinceras ao reconhecer nossas feridas e imundícies. As dores e os fracassos nos ajudam a reconhecer nossa total dependência do Senhor. Sem podermos curar a nós mesmas, recorremos a Deus humildemente e reconhecemos que ele pode.

Inicialmente, Naamã também relutou:

> Mas Naamã ficou indignado e saiu dizendo: "Eu estava certo de que ele sairia para receber-me, invocaria em pé o nome do SENHOR, o seu Deus, moveria a mão sobre o lugar afetado e me curaria da lepra. Não são os rios Abana e Farfar, em Damasco, melhores do que todas as águas de Israel? Será que não poderia lavar-me neles e ser purificado?" E foi embora dali furioso. Mas os seus servos lhe disseram: "Meu pai, se o profeta lhe tivesse pedido alguma coisa difícil, o senhor não faria? Quanto mais quando ele apenas lhe diz que se lave, e será purificado!".
>
> 2Reis 5.11-13

Pode ser que para Naamã e para muitas mulheres, seria mais fácil aceitar um desafio difícil. Apenas crer e mergulhar era simples demais. Talvez por isso tanta gente se perde e complica a vida com Deus. Para essas pessoas, é mais aceitável seguir uma série de regras complexas e que exigem um esforço enorme. Isso é religiosidade. É a tentativa humana de agradar a Deus com nossos próprios esforços. É quase uma autojustificação baseada em nossos próprios acertos e virtudes. Mas Deus decidiu que o poder do evangelho operasse pela fé, não por obras, não por mérito nosso, mas inteiramente dele. Tudo o que precisamos é crer e, então, obedecer — com a confiança de que ele fará.

Pode ser humilhante mostrar-se frágil e necessitada de ajuda, mas não existe outro caminho até Deus, pois "Deus se opõe aos orgulhosos, mas concede graça aos humildes" (Tg 4.6).

Mulher, quem sabe a vida tem sido tão dura, uma verdadeira batalha, e por isso a mensagem da graça soe absurda e simples demais para você — como foi com Naamã. Mas é assim mesmo, como Paulo diz: "E, se é pela graça, já não é mais pelas obras; se fosse, a graça já não seria graça" (Rm 11.6) e "Pois vocês são salvos pela graça, por meio da fé, e isto não vem de vocês, é dom de Deus; não por obras, para que ninguém se glorie" (Ef 2.8-9).

Eu a convido a relaxar um pouco agora. Será que você pode respirar fundo e ler este livro como quem está recebendo não um castigo ou mais uma tarefa a ser realizada, mas um presente do Pai gracioso? Ele já fez tudo por você, já preparou de antemão e agora basta receber pela fé, somente, o que ele tem para dar. Receba as novas vestes que substituirão os trapos. Receba a cura que restaurará os lugares feridos. Assim como a pele de Naamã, que mergulhou nas águas correntes do Jordão, e tornou-se como a de uma criança, seja restaurada a tal ponto que ocorra como disse Zofar: "Você esquecerá as suas desgraças, lembrando-as apenas como águas passadas" (Jó 11.16). Oro para que, a cada página, as águas vivas e correntes do Espírito Santo lavem você e carreguem para bem longe suas dores e transgressões.

E as palavras? Aquelas que vi pintadas no quadro, na salinha do fundo da igreja? Aquelas palavras formavam a imagem da mulher refletida no espelho. Eram palavras bonitas, palavras de vida. Na verdade, eram as palavras que o próprio Deus declarou a respeito daquela mulher e que formavam a sua verdadeira identidade. Parece que, finalmente, ela conseguiu se ver como realmente era: amada, filha, perdoada, redimida, aceita, escolhida, vencedora, obra-prima... e muitos outros adjetivos que você também vai descobrir à medida que ler este livro.

> *As dores e os fracassos nos ajudam a reconhecer nossa total dependência do Senhor. Sem podermos curar a nós mesmas, recorremos a Deus humildemente e reconhecemos que ele pode.*

Minha oração é que o próprio Pai celestial, que a criou e que esteve com você todos os dias — mesmo nos mais difíceis — imprima em seu coração a verdade, enquanto as mentiras caem de seus olhos como escamas. Prepare-se para enxergar-se diferente a partir de agora. Prepare-se para enxergar os outros de modo diferente também. Prepare-se para ver refletido em seu espelho o próprio Jesus, como está escrito: "Cristo em vocês, a esperança da glória" (Cl 1.27).

Isso, aliás, foi o que eu vi em outro quadro. Como o Espírito Santo estava me ensinando sobre os espelhos, sobre a autoimagem, sobre nossa verdadeira identidade, esse foi o tema de um dos congressos Mulheres Diante do Trono. Nele ministravam as minhas queridas amigas Helena Tannure e Devi

Titus, coautoras deste livro. Enquanto louvávamos a Deus com canções, orávamos intercedendo e profetizávamos pelo Espírito, Deus tocava nossos corações. Em cima do palco, até mesmo durante as preleções, outra amiga, a artista plástica Daniele Jordão, pintava um quadro. Eu não lhe disse nada do que deveria ser pintado. Ela foi sensível ao que o Pai estava nos ensinando e, ao final, ali estava a mensagem, a Verdade falando mais alto do que todas as mentiras, sem emitir uma só palavra. Tenho esse precioso quadro em minha casa. Nele, a mulher novamente olha para um espelho. O que ela via? A imagem de Jesus.

capítulo 1

A mulher aos seus próprios olhos

Ana Paula Valadão Bessa

Como você se enxerga? Quando pensa a respeito de si mesma, o que vem à sua mente? Quais são os seus valores? Em que acredita? Como age consigo e com o próximo? De que maneira reage às situações? Sua postura é a mesma quando está sozinha ou sendo observada? Perguntas como essas são parte de um processo essencial para toda serva de Deus: o de examinar a si mesma. Saber quem você é aos seus próprios olhos vai determinar muito sobre sua caminhada como mulher e como cristã. Por isso, a autoanálise é uma atitude indispensável e precisa ser constante em nossa vida.

Quando você pensa em olhar para si mesma, qual é a primeira imagem que vem à sua mente? Possivelmente, a de um espelho. Isso ocorre porque espelhos são aquilo que buscamos naturalmente e por instinto na hora em que precisamos checar algo em nós. "Será que a maquiagem borrou?", "Meu vestido está bom?", "Posso sorrir ou ficou comida nos meus dentes após a refeição?", "Será que meus cabelos estão no lugar?". Em qualquer dessas circunstâncias, lá vamos nós em busca de um espelho, para verificar qual é a nossa situação. É no espelho que contemplamos nosso reflexo, analisamos as

28   REFLEXOS DA ALMA

imperfeições, percebemos o que precisa ser mudado, observamos o que está bom e o que não está. Espelhos bem polidos são, há séculos, a melhor maneira de nos examinarmos. Dependendo de como estejamos, nós, mulheres, amamos ou odiamos espelhos, exatamente por serem eles tão reveladores.

> *Saber quem você é aos seus próprios olhos vai determinar muito sobre sua caminhada como mulher e como cristã. Por isso, a autoanálise é uma atitude indispensável e precisa ser constante em nossa vida.*

Da mesma maneira que compramos espelhos e instalamos muitos deles em casa ou os carregamos na bolsa, o Senhor instalou na alma de seus filhos e filhas um espelho invisível, que levamos conosco para todo lado e que nos permite manter uma constante avaliação pessoal. É o *espelho de Deus*, implantado pela ação do Espírito Santo em nós no ato da justificação. Ele nos mostra quem verdadeiramente somos aos olhos do Todo-poderoso, expõe o que está errado em nossa vida e nos incomoda para a necessidade de mudanças. Esse é o espelho em que vamos nos observar ao longo das próximas páginas, se você aceitar o meu convite para ser confrontada com a sua realidade — e olhar para a sua vida sem distorções.

Espelhos bem feitos não mentem, eles nos mostram exatamente como somos. Do mesmo modo, desejo, aqui, expor realidades sobre você mesma sem máscaras, para que você obtenha cura, seja liberta e enfrente uma autêntica

A MULHER AOS SEUS PRÓPRIOS OLHOS 29

transformação naquilo que precisa ser mudado — a partir do reconhecimento da verdade. Pois, como Jesus disse, "conhecerão a verdade, e a verdade os libertará" (Jo 8.32). Mas, para compreendermos melhor o espelho de Deus, implantado em nossa alma, precisamos primeiro entender como funcionam os espelhos exteriores, visíveis, uma vez que eles nos dão pistas que podemos aplicar sobre o processo de análise interior.

DIFERENTES TIPOS DE ESPELHOS

Um espelho é um referencial. Ele nos diz o que está bom ou ruim, certo ou errado. Se há algo que está fora do ideal, é importante olharmos para o reflexo e nos consertarmos de acordo com o que o espelho nos mostra. Como bom e fiel amigo, ele nos revelará a verdade, mesmo quando não queremos ver ou quando ninguém tem coragem de nos contar. Mas... será que todos os diferentes tipos de espelhos são confiáveis? Será que qualquer espelho é uma boa referência para nos observarmos, com a intenção de mudar nossa atitude e de nos alinharmos àquilo que consideramos ser o ideal? Será que podemos acreditar em qualquer um?

Na verdade, não.

Espelhos distorcidos deformam a realidade. Às vezes, desconfio que lojas de roupas instalam espelhos que nos fazem parecer mais magras, pois já comprei roupas que me deixaram muito elegante nas lojas, mas, em casa, eu não estava tão bem assim. Se você já foi a um parque de diversões e entrou em uma daquelas casas de espelhos sabe que é bem possível um reflexo ser totalmente diferente da realidade. Nesses locais há montes de espelhos tortos, que distorcem completamente as aparências e induzem nossa percepção a enganos.

30 REFLEXOS DA ALMA

Num lugar como esse não se pode acreditar em tudo o que se vê. Diante de um espelho que altera a verdade, não é possível crer nos seus sentidos. Essa é uma prova de que nem todo espelho é confiável.

Você sabia que a Bíblia fala sobre espelhos? Vamos ler um texto maravilhoso sobre isso:

> Portanto, visto que temos tal esperança, mostramos muita confiança. Não somos como Moisés, que colocava um véu sobre a face para que os israelitas não contemplassem o resplendor que se desvanecia. Na verdade a mente deles se fechou, pois até hoje o mesmo véu permanece quando é lida a antiga aliança. Não foi retirado, porque é somente em Cristo que ele é removido. De fato, até o dia de hoje, quando Moisés é lido, um véu cobre os seus corações. Mas quando alguém se converte ao Senhor, o véu é retirado. Ora, o Senhor é o Espírito e, onde está o Espírito do Senhor, ali há liberdade. E todos nós, que com a face descoberta contemplamos a glória do Senhor, segundo a sua imagem estamos sendo transformados com glória cada vez maior, a qual vem do Senhor, que é o Espírito.
>
> 2Coríntios 3.12-18

No texto original, em grego, o termo *contemplamos*, de "com a face descoberta contemplamos a glória do Senhor", também pode ser traduzido por *refletimos*. Por isso, outras traduções da Bíblia trazem o texto assim: "E todos nós, com o rosto desvendado, contemplando, *como por espelho*, a glória do Senhor, somos transformados, de glória em glória, na sua própria imagem, como pelo Senhor, o Espírito" (2Co 3.18, ALMEIDA REVISTA E ATUALIZADA – RA).

A MULHER AOS SEUS PRÓPRIOS OLHOS   *31*

Nesse versículo, encontramos um princípio bíblico: aquilo que tomamos como referencial tem o poder de nos transformar. Esse texto nos mostra que somos transformadas de acordo com a imagem em que nos espelhamos. Não podemos acreditar que vamos permanecer da mesma maneira se contemplamos a verdade, que é o Senhor, como se olhássemos para um espelho. É impossível olhar para Deus e permanecer igual! Aquele reflexo nos afeta, interfere de modo maravilhoso na nossa imagem. É espetacular quando nos espelhamos em nosso Criador e somos ajustadas à imagem dele. O seu Espírito opera em nós uma mudança, para que sejamos cada vez mais parecidas com o Senhor.

O espelho do Senhor é perfeito. Quando olhamos para Deus, vemos que ele é extraordinário, lindo, gracioso, amoroso, compassivo — e nosso alvo deve ser nos parecermos cada vez mais com ele. Nesse processo, contamos com a ajuda do Espírito Santo, pois é ele quem age e opera essa transformação. Só o poder de Deus agindo em nós é capaz de realizar as mudanças de que precisamos para nos ajustarmos ao que vemos quando contemplamos o Senhor.

> *É espetacular quando nos espelhamos em nosso Criador e somos ajustadas à imagem dele. O seu Espírito opera em nós uma mudança, para que sejamos cada vez mais parecidas com o Senhor.*

Só que há, também, o outro lado da moeda. Da mesma maneira que ocorre com Deus, se olharmos para um referencial errado e nos refletirmos nele seremos transformadas a

32   REFLEXOS DA ALMA

partir dessa referência ruim e nos tornaremos parecidas com aquilo que vemos. Como dizem as Escrituras: "Porque, como imagina em sua alma, assim ele é" (Pv 23.7, RA). Sofremos transformações de acordo com as coisas que contemplamos e que ocupam a nossa mente, nossos referenciais e valores.

É perigoso olhar para um espelho que não seja de Deus. E se o que nós contemplamos não for a verdade? E se for uma mentira, um engano, uma deformação da verdade? Se assim imaginarmos, se assim acreditarmos, que risco correremos! Pois, como vimos, aquilo que contemplamos como referencial tem o poder de nos transformar. Em Salmos encontramos o mesmo princípio.

> Por que perguntam as nações: "Onde está o Deus deles?" O nosso Deus está nos céus, e pode fazer tudo o que lhe agrada. Os ídolos deles, de prata e ouro, são feitos por mãos humanas. Têm boca, mas não podem falar, olhos, mas não podem ver; têm ouvidos, mas não podem ouvir, nariz, mas não podem sentir cheiro; têm mãos, mas nada podem apalpar, pés, mas não podem andar; e não emitem som algum com a garganta. Tornem-se como eles aqueles que os fazem e todos os que neles confiam. Confie no SENHOR, ó Israel! Ele é o seu socorro e o seu escudo. Confiem no SENHOR, sacerdotes! Ele é o seu socorro e o seu escudo. Vocês que temem o SENHOR, confiem no SENHOR! Ele é o seu socorro e o seu escudo.
>
> Salmos 115.2-11

Esse salmo fala da idolatria, das pessoas que fazem ídolos de prata, ouro, bronze, ferro, madeira e pedra. Repare que o salmista escreveu "*Tornem-se como eles* aqueles que os fazem e todos os que neles confiam" (grifos da autora). É o mesmo princípio: você acaba sendo transformada à imagem daquilo que contempla, a que você se molda para obedecer, a que presta adoração. E você sabe o que está por detrás desses ídolos? Leia as palavras do apóstolo Paulo aos coríntios:

> Por isso, meus amados irmãos, fujam da idolatria. Estou falando a pessoas sensatas; julguem vocês mesmos o que estou dizendo. Não é verdade que o cálice da bênção que abençoamos é uma participação no sangue de Cristo, e que o pão que partimos é uma participação no corpo de Cristo? Como há somente um pão, nós, que somos muitos, somos um só corpo, pois todos participamos de um único pão. Considerem o povo de Israel: os que comem dos sacrifícios não participam do altar? Portanto, que estou querendo dizer? Será que o sacrifício oferecido a um ídolo é alguma coisa? Ou o ídolo é alguma coisa? Não! Quero dizer que o que os pagãos sacrificam é oferecido aos demônios e não a Deus, e não quero que vocês tenham comunhão com os demônios. Vocês não podem beber do cálice do Senhor e do cálice dos demônios; não podem participar da mesa do Senhor e da mesa dos demônios.
>
> 1Coríntios 10.14-21

Paulo explica que por trás dos ídolos há demônios. As estátuas em si não são nada, mas, por trás delas, existem espíritos malignos que têm, cada um deles, características específicas. As pessoas que prestam adoração a falsos deuses acabam assumindo as características desses demônios — como se fossem espelhos refletindo uma realidade mentirosa, enganosa, pervertida.

34 REFLEXOS DA ALMA

Ouvi o testemunho de jovens restauradas por Cristo na Índia. Antes, elas eram escravas na prostituição e possuídas por demônios. São tantas as entidades, tantos os ídolos adorados naquele país, que as pessoas não cristãs acabam, desde crianças, realizando rituais e seguindo regras para servir esses deuses. Até mesmo o padrão de vestir, a forma de comer, as festas que celebram e os feriados estão relacionados ao culto a esses espíritos malignos. Consequentemente, muitas coisas acontecem na vida das pessoas de acordo com a divindade que elas adoram.

Uma líder cristã contou-nos o caso de uma menina que foi liberta em um processo muito difícil. Ela se arrastava por toda a casa como uma serpente, tamanha era a possessão. Não é difícil descobrir como se apresentava aquele demônio nas esculturas adoradas nos rituais pagãos do país: como uma cobra. Mesmo na ignorância, as pessoas que adoram falsos deuses acabarão assimilando as características dessas entidades, seja prostituição, seja cobiça, seja malignidade ou o que for.

Como esse exemplo mostra, a questão é muito séria. Por isso, devemos ser extremamente criteriosas ao decidir em quem vamos nos espelhar. Quem será nosso modelo, exemplo e referencial? Devemos ter extremo cuidado com isso. O nosso Senhor é maravilhoso. Transformar-nos à sua imagem é um privilégio que o Pai opera em nós, como Paulo escreveu aos Romanos: "Pois aqueles que de antemão conheceu, também os predestinou para serem conformes à imagem de seu Filho" (Rm 8.29). Deus é lindo e a vida com Jesus faz de nós pessoas cada dia mais lindas!

A MULHER AOS SEUS PRÓPRIOS OLHOS   35

Já aqueles que se moldam a partir dos padrões de falsos deuses caem em um buraco cada vez maior. Sofrem a deterioração do caráter, da moral, da vida. Vão de mal a pior. E aqui é importante compreendermos algo: os deuses falsos diante dos quais muitas pessoas se prostram (e, portanto, são transformadas à imagem deles) não são apenas os ídolos, as imagens de escultura. Torna-se uma "divindade" para nós qualquer coisa que ocupa o lugar que pertence somente ao Deus que nos criou. Tudo aquilo que, em nosso coração, toma o espaço que só pertence ao Criador nos molda — seja dinheiro, sejam outras pessoas, sejamos nós mesmas ou qualquer outra coisa. Seremos transformadas à imagem daquilo em que nos espelhamos e valorizamos.

> *Aqueles que se moldam a partir dos padrões de falsos deuses caem em um buraco cada vez maior. Sofrem a deterioração do caráter, da moral, da vida. Vão de mal a pior.*

Por ocasião da última ceia, Jesus disse: "Já não lhes falarei muito, pois o príncipe deste mundo está vindo. Ele não tem nenhum direito sobre mim" (Jo 14.30). É importante que nós também guiemos nossos passos de forma que Satanás não tenha influência alguma em nossa vida, porque, assim, não estaremos mais diante de seus espelhos deformadores, de suas mentiras e seus enganos, dos seus referenciais falsos. Estaremos em frente ao espelho verdadeiro, contemplando o Senhor, que é puro, perfeito e que nos transforma pelo seu Espírito para que sejamos mais semelhantes a ele.

36   REFLEXOS DA ALMA

> *Tudo aquilo que, em nosso coração, toma*
> *o espaço que só pertence ao Criador nos*
> *molda — seja dinheiro, sejam outras pessoas,*
> *sejamos nós mesmas ou qualquer outra coisa.*
> *Seremos transformadas à imagem daquilo*
> *em que nos espelhamos e valorizamos.*

Já vimos que, por trás de cada espelho deformador da verdade, estão Satanás e seus demônios. A Palavra de Deus diz que o Diabo é o pai da mentira (Jo 8.44). Sabemos que ele é mentiroso e enganador, o deformador da verdade. E, agora, podemos reconhecer quais são suas mentiras e substituí-las pelo que é verdadeiro. Assim, identifico o inimigo, reconheço as mentiras e as substituo pela verdade. Vamos analisar alguns desses enganos de Satanás e derrotá-los pela Verdade, que é Jesus.

O ESPELHO DA SOCIEDADE

O primeiro espelho que vamos analisar é o espelho distorcido da sociedade. Olhar para a vida por meio de seu reflexo acaba fazendo com que sejamos influenciadas pelo que a sociedade nos diz que é bom ou ruim, certo ou errado, legal ou não. Por sociedade, refiro-me ao sistema deste mundo, do século mau e distanciado de Deus em que vivemos. Sem perceber, as pessoas estão sendo tão influenciadas pelo meio em que vivem que acabam pensando igual e tendo os mesmos conceitos e valores. A realidade é que, em nossos dias, todo mundo está sendo levado na mesma onda.

Só que há espíritos malignos por trás do espelho da sociedade, que influenciam a forma de pensar das massas. Diante

A MULHER AOS SEUS PRÓPRIOS OLHOS   *37*

dessa situação, nós, mulheres cristãs, nos sentimos como se estivéssemos nadando contra a correnteza. Viver contra os parâmetros da sociedade é alistar-se em uma guerra, é fazer um esforço sobre-humano para nadar na direção contrária àquilo que este século impõe. É o que Paulo explicou aos cristãos de Éfeso.

> Finalmente, fortaleçam-se no Senhor e no seu forte poder. Vistam toda a armadura de Deus, para poderem ficar firmes contra as ciladas do Diabo, pois a nossa luta não é contra seres humanos, mas contra os poderes e autoridades, contra os dominadores deste mundo de trevas, contra as forças espirituais do mal nas regiões celestiais. Por isso, vistam toda a armadura de Deus, para que possam resistir no dia mau e permanecer inabaláveis, depois de terem feito tudo.
>
> Efésios 6.10-13

Vivemos em uma constante luta contra os seres espirituais que dominam este mundo tenebroso. Uma das categorias de poderes das trevas é a dos que agem como manipuladores das massas e, portanto, formam os pensamentos da sociedade em geral. Quem você acha que está por trás de muitas produções de moda, televisão, cinema e outras mídias, lançando a todo tempo referenciais deformados do que é a verdade?

Satanás.

> *Sem perceber, as pessoas estão sendo tão influenciadas pelo meio em que vivem que acabam pensando igual e tendo os mesmos conceitos e valores.*

38   REFLEXOS DA ALMA

Paulo nos exorta: "Não se amoldem ao padrão deste mundo, mas transformem-se pela renovação da sua mente, para que sejam capazes de experimentar e comprovar a boa, agradável e perfeita vontade de Deus" (Rm 12.2). Em outras palavras, o apóstolo está nos dizendo para não nos conformarmos com o espelho da sociedade. O reflexo que você vê quando olha para o mundo e seu sistema de valores é uma ilusão, uma deformação, uma mentira. Não tente se consertar para se parecer com aquilo que esse espelho lhe mostra, fazer o que ele sugere que é o certo ou, muito menos, alinhar-se à imagem refletida nele — porque é uma mentira.

Devemos nos transformar pela renovação da mente. Agora, entendemos ainda melhor o que diz Provérbios: "Porque, como imagina em sua alma, assim ele é" (Pv 23.7, RA). Se você pensa como o mundo pensa, precisa urgentemente mudar o seu modo de pensar. Essa é a única forma de experimentar e comprovar a boa, agradável e perfeita vontade de Deus. Troque de espelho.

Muitas mulheres cristãs também estão presas aos padrões da sociedade, aos referenciais apresentados por essa mídia corrompida, pela influência das revistas de fofoca. Há salões de beleza com placas ou nomes que indicam que pertencem a pessoas cristãs, mas que estão cheios de revistas com referenciais deformados da sociedade, fotos de casamentos de fachada, mentiras sobre a vida das pessoas ou reportagens absurdas que só servem para vender mais a um público curioso e faminto por aberrações e novidades chocantes. Eu sugiro às profissionais cristãs que são médicas, dentistas, donas de salões de beleza ou de qualquer estabelecimento comercial que não deem mais lugar a esse tipo de literatura nem deixem

A MULHER AOS SEUS PRÓPRIOS OLHOS   *39*

televisores ligados em canais que transmitem valores contrários à verdade da Palavra e dos padrões de Deus. Temos de reconhecer o inimigo e substituí-lo pela verdade.

> *Se você pensa como o mundo pensa, precisa urgentemente mudar o seu modo de pensar. Essa é a única forma de experimentar e comprovar a boa, agradável e perfeita vontade de Deus.*

Outro exemplo clássico de produto cultural, extremamente influenciador da sociedade brasileira, são as novelas. As produções são bonitas mesmo, com histórias envolventes e muito bem elaboradas, mas que transmitem degradação moral. Temos de começar a rejeitar, resistir e boicotar essa sujeira do mundo, que invade nossa mente, molda nosso comportamento e nos forma à imagem dos conceitos do príncipe deste século. Muitas pessoas acham que a vida também é uma novela e começam a agir da mesma forma terrivelmente corrompida que os personagens da televisão.

Muitas vezes, somos pressionadas nessa sociedade inimiga de Deus, por não termos os mesmos padrões. É, por exemplo, aquela menina, que na escola ou na faculdade é motivo de zombaria porque ainda é virgem. Como se guardar-se para o casamento fosse errado! Mas o pensamento da sociedade inverte os valores e estabelece como certo o errado e o errado como certo. Algumas de nós foram tão massacradas pela pressão que acabaram cedendo, acreditando e praticando o erro. Mas Isaías denunciou: "Ai dos que chamam ao mal bem e ao bem, mal, que fazem das trevas luz e da luz, trevas, do amargo, doce e do doce, amargo" (Is 5.20-21).

40   REFLEXOS DA ALMA

> *Temos de reconhecer o inimigo e*
> *substituí-lo pela verdade.*

Deus não está alheio a essa troca de valores. Sua Palavra garante que essa inversão trará terríveis consequências. Se vivemos refletindo a imagem da sociedade, seremos disciplinadas pelo juízo divino, não porque Deus tem algum prazer em nos castigar, mas porque colheremos as consequências de termos quebrado as suas leis. O "Ai" de Isaías fala de juízo, de condenação. Está tudo invertido, trocado, relativizado, embora o padrão bíblico não seja esse. Os caminhos de Deus são retos, aplainados, e "Como são felizes os que andam em caminhos irrepreensíveis, que vivem conforme a lei do SENHOR!" (Sl 119.1). Satanás, por sua vez, sutilmente espalha seu veneno e muitos o estão tomando sem saber que há morte na panela (2Rs 4.40). O Diabo não traz nada de bom. Ele veio "apenas para roubar, matar e destruir" (Jo 10.10). A alegria que ele oferece se transforma em tristeza e destruição.

Algumas décadas atrás, o padrão de Deus permeava muito mais a vida da sociedade, especialmente nos países considerados cristãos. Os Estados Unidos, país que, sob a influência dos peregrinos puritanos, foi fundado sobre princípios cristãos e experimentou dois grandes despertamentos — encabeçados por homens de Deus, como Jonathan Edwards e George Whitefield —, incorporaram valores bíblicos à sua vida cultural e social. Muitas nações da Europa também experimentaram grandes avivamentos, como a Inglaterra da época de John Wesley. Foram tempos em que toda a sociedade foi transformada, pelo mover do Espírito Santo e por uma sede de viver conforme o reflexo do espelho de Deus. Sociedades caóticas, com uma moral totalmente depravada, sofreram mudanças drásticas em diversas áreas graças ao poder do evangelho. Mas as gerações se sucederam, os valores e conceitos bíblicos se perderam e hoje, infelizmente, até mesmo os povos que mais abraçaram os valores cristãos no passado estão extremamente desviados do padrão divino, chamando o certo de errado e o errado de certo.

> *Se vivemos refletindo a imagem da sociedade, seremos disciplinadas pelo juízo divino, não porque Deus tem algum prazer em nos castigar, mas porque colheremos as consequências de termos quebrado as suas leis.*

Um exemplo que tem estado sob os holofotes e as atenções internacionais, e até governamentais, é a aceitação da homossexualidade. Há uma pressão muito forte, pela imposição de uma agenda extremamente agressiva, que difunde a aceitação da prática homossexual. Essa filosofia começou a entrar sorrateiramente na pauta do dia, por força da militância *gay*. De modo sutil, mas estratégico, eles foram assumindo papéis na mídia, atuando como coadjuvantes nos filmes de Hollywood, protagonizando novelas, invadindo os pensamentos da sociedade como um todo. Hoje, filmes inteiros são dedicados a histórias de amor homoafetivas. Ainda que muitos considerem essa prática normal, sabemos que ela não é aceitável pelo padrão da Palavra de Deus. O mundo, hoje, aceita com tranquilidade, mas, para nós, cristãos, esse é

REFLEXOS DA ALMA

um padrão deformado. Deus nos revelou na Bíblia o padrão celestial. Ele criou homem e mulher e estabeleceu a família, projetada para viver em um lar acolhedor, onde haja a multiplicação de amor e paz. Ao fazer isso, o Criador providenciou um meio para a reprodução da nossa espécie, pela união de um macho e uma fêmea. Mas, embora as Escrituras sejam claras sobre a questão, a pressão da sociedade tornou-se tão grande que algumas igrejas, até mesmo históricas, começaram a aceitar essas mudanças, passando a ver como algo natural o que a Bíblia considera abominável.

A questão homossexual não é a única. Há exemplos de agendas antibíblicas, presentes nos meios de comunicação e nas artes, voltadas, até mesmo, para as crianças. Não é de estranhar nem um pouco, uma vez que a guerra para conquistar corações e mentes começa desde a infância. Vi claramente a agenda feminista, por exemplo, em um filme de animação chamado *Valente*. A personagem não queria fazer nada do que as meninas fazem, não queria assumir seu papel como princesa, sua responsabilidade como princesa, mas desejava realizar tudo que é característica dos homens — e ainda provar que fazia melhor do que eles. Era uma menina extremamente masculinizada e apresentada como a heroína da história. Mas o espelho da sociedade apresentado nesse filme era tão distorcido e descarado que o problema ia além: todos os homens retratados no longa-metragem foram mostrados como bobos, tolos, sem noção, sem juízo algum. Apenas a rainha mãe e sua filha, a personagem Valente, sabiam fazer as coisas certas.

Há uma enorme quantidade de valores, motivações e intenções por trás daquilo que a sociedade nos impõe. Se assistirmos à televisão alertas ao que está por trás dessas produções, enxergaremos a manipulação diabólica e a rebeldia contra a verdade bíblica. Muitas vezes, porém, nós simplesmente absorvemos, passivamente, todo o lixo. Talvez alguém me julgue exagerada ao analisar um filme infantil assim, mas se eu não acreditasse que a agenda feminista é danosa e tenta nos atingir sutilmente, eu não seria tão enfática. Se alguém ainda duvida dos malefícios causados pelo movimento feminista, pergunte-se: aonde a independência feminina a qualquer custo nos levou? Como andam as mulheres hoje? Em nossos dias, as mulheres sofrem cada vez mais de ataques cardíacos, e esses são mais fulminantes que nos homens. Somos assoladas por males como bulimia, anorexia, estresse e depressão. Carregamos um fardo pesado demais. Podemos realizar e conquistar muitas coisas, mas tentamos fazer aquilo que não está dentro do propósito de Deus para nós, que é competir com os homens.

> *Se assistirmos à televisão alertas ao que está por trás dessas produções, enxergaremos a manipulação diabólica e a rebeldia contra a verdade bíblica. Muitas vezes, porém, nós simplesmente absorvemos, passivamente, todo o lixo.*

Nessa corrida louca, esvaziamos os homens de sua autoridade, de sua masculinidade, e assumimos um papel que não é nosso. Tornamo-nos independentes, agressivas, dominadoras, controladoras, manipuladoras. Desrespeitamos a figura masculina. Esvaziamos nossos homens da liderança e da capacidade que Deus deu a eles de nos conduzir e proteger. A sociedade vende essa ideia de independência como uma grande conquista, mas não é. A verdade é que essa briga, esse desrespeito ao gênero masculino, é uma distorção da criação divina e do projeto original do Senhor para homens e mulheres. Hoje sofremos por isso, pois faltam homens que sigam o modelo das Escrituras — e a culpa, muitas vezes, é nossa.

Até mesmo no campo da estética o espelho da sociedade mudou a realidade e nos impôs valores artificiais. O que o mundo nos impõe hoje é que temos de seguir um padrão de magreza e de altura. É como se nos dissessem que, para sermos mulheres felizes e bem-sucedidas, temos de ser todas iguais às modelos de passarela. A criação de Deus estabeleceu, porém, uma enorme variedade de biótipos. Algumas mulheres nasceram altas e magras, mas... e as outras? Deus moldou cada detalhe seu, tenha você o corpo que tiver. Você pode cuidar de sua saúde, exercitar-se, comer de modo saudável. Assim você certamente vai emagrecer, mas pelos motivos corretos, e não por uma obsessão pelos estereótipos desse mundo. Você pode, até mesmo, se submeter a uma cirurgia plástica, mas não para fugir de quem você é, querendo se transformar em alguém que viu numa revista. O problema é que a sociedade está formando um exército de mulheres tão obcecadas com a questão da estética que, de tanto mudarem suas características originais, se transformam em verdadeiros monstros. O que deveria acontecer é justamente o contrário, pois a boa cirurgia plástica é aquela que ninguém percebe, que só valoriza aspectos da beleza natural.

> *A verdade é que essa briga, esse desrespeito*
> *ao gênero masculino, é uma distorção*
> *da criação divina e do projeto original*
> *do Senhor para homens e mulheres.*

Deus quer nos curar em nossa autoestima, para que nos valorizemos e nos aceitemos como somos. O espelho da sociedade nos mostra como pessoas que precisam mudar tudo o que são para se adequarem àquilo que o mundo deseja que elas sejam. Mas o espelho de Deus nos apresenta como mulheres amadas do modo que o Senhor nos fez. Devemos realçar o que temos de melhor em nós. Temos de aprender a amar e cuidar do templo do Espírito Santo, que é o nosso corpo. Precisamos parar de olhar para o espelho deformador da sociedade. São muitas as mulheres que, por acreditarem na imagem falsa desse espelho, olham para si mesmas todas as manhãs e dizem: "Você é feia". Se você também acreditou nessa mentira é porque já está acostumada com a deformação causada pelos pensamentos inspirados por Satanás. O Diabo criou um padrão deformado e você acreditou nele. Mais ainda: infelizmente, você passou a viver de acordo com ele e se sente infeliz por ser como é.

Esse espelho mentiroso, deformador, é tão abrangente e tem um poder de influência tão grande que uma enorme quantidade de mulheres belíssimas, até mesmo as que trabalham como modelos, se acha feia. Essas mulheres, que estão nas capas das revistas como referenciais de beleza, também não gostam de si mesmas. Isso ocorre porque Satanás não quer deixar ninguém acreditar que seja linda, amada, perfeita

46 REFLEXOS DA ALMA

aos olhos do Pai. Tenha certeza de que o Diabo já esteve até mesmo com a moça mais bonita que você encontrar, sussurrando mentiras, para que ela não se aceitasse — e desejasse ser diferente do que é.

Enquanto o mundo prega que o exterior é o mais importante e nos impõe seu padrão quase inatingível, a Bíblia nos mostra que a beleza interior é a que deve ser almejada e cultivada intensamente. A busca frenética pela aprovação do espelho da sociedade leva ao vazio e à angústia, mas a busca por um coração aprovado pelo espelho de Deus preenche o vazio e alegra o coração. Esta é uma verdadeira dica de beleza: "O coração alegre aformoseia o rosto!" (Pv 15.13, RA). Que tal investir mais tempo em oração, na leitura da Bíblia e em adoração? Afinal, quanto mais olharmos para o espelho de Deus, mais seremos transformadas à sua própria imagem — e a beleza de Cristo será vista em nós.

> *A busca frenética pela aprovação do espelho da sociedade leva ao vazio e à angústia, mas a busca por um coração aprovado pelo espelho de Deus preenche o vazio e alegra o coração.*

Cuidado. Muita atenção a mais um padrão deformado que a sociedade nos impõe. Ela diz que precisamos ter para ser feliz, mas nós não precisamos de mais uma bolsa ou de mais uma blusa em nosso armário. Nossos filhos não têm necessidade de um tênis mais legal ou de um brinquedo diferente. Somos chamadas a abandonar esse critério equivocado, imposto por este século. Muitas mulheres precisam rever suas prioridades. Será que vale a pena trabalhar tanto fora de casa apenas para manter um padrão de vida? É preciso parar de gastar seu dinheiro em compras fúteis e investir mais tempo no lar, dedicar-se mais ao marido, dar mais atenção aos filhos do que ao emprego. Vivemos debaixo dessa pressão, dessa mentira da sociedade, segundo a qual temos de ter esse ou aquele objeto da moda para sermos felizes. O espelho de Deus nos confronta e nos mostra que precisamos simplesmente ser o que Deus nos criou para ser. Para Deus, o *ser* é mais valioso do que o *ter*. Se você deseja viver segundo os critérios divinos, terá de sacrificar algumas coisas que a sociedade lhe impõe, para que seja fiel ao principal ministério que Deus lhe deu: a sua casa. Aos poucos, você perceberá que as coisas para as quais antes dava muito valor são supérfluas e vãs. Os bens mais preciosos que podemos ter não são comprados pelo dinheiro.

> *É preciso parar de gastar seu dinheiro em compras fúteis e investir mais tempo no lar, dedicar-se mais ao marido, dar mais atenção aos filhos do que ao emprego.*

Está tudo trocado. Não nos conformemos mais, não nos moldemos mais aos espelhos da sociedade, porque são engano e mentira. A verdade sempre prevalecerá. Temos de desconstruir o processo. Isso significa identificar o inimigo, reconhecer a mentira e substituí-la pela verdade.

O ESPELHO DO PASSADO

O segundo espelho que distorce quem nós somos aos nossos próprios olhos é o do passado. Muitas vezes, nos observamos

48   REFLEXOS DA ALMA

por esse espelho, que reflete o que ficou para trás. Por ele, vemos o registro da nossa trajetória até o dia de hoje e contemplamos marcas, eventos e situações que vivemos em dias passados. Quem se agarra a esse espelho torna-se uma pessoa que, o tempo todo, remete sua atenção para as lembranças do que ficou lá atrás. São mulheres, de todas as idades, que ficam remoendo coisas que já passaram. Elas se tornam escravas, acorrentadas a momentos em que experimentaram dor e sofrimento, que lhes causaram traumas. Elas foram marcadas por realidades como abandono, traição, medo, violência, abuso sexual e abuso verbal, e continuam presas àquele momento. O corpo está no presente, mas a alma vive presa ao passado, aos momentos traumáticos, difíceis, dolorosos, deprimentes. E sabe o que isso provoca? Essa atitude faz todo o mal vivenciado em outras épocas se tornar parte do presente dia após dia, o que gera uma constante infelicidade.

Como podemos saber que estamos fixando o olhar no espelho do passado? Basta reparar por onde andam seus pensamentos. Mulheres aprisionadas ao passado vivem relembrando conversas, situações, períodos de sofrimento. Elas os incorporam em quem são hoje, no que falam hoje, nas atitudes que tomam hoje. Trazem para as conversas e os relacionamentos de hoje aquilo que deveria ter ficado para trás.

As consequências de se ver pelo espelho do passado é que isso gera amargura e falta de perdão e nos leva a ter pensamentos e atitudes antibíblicos — portanto, pecaminosos. Satanás não quer que sejamos livres dessas mentiras; ele deseja que fiquemos presas às mágoas do passado. Mas se nós continuarmos acreditando nas mentiras, vamos morrer espiritualmente. "Cuidem que ninguém se exclua da graça de Deus; que nenhuma raiz de amargura brote e cause perturbação, contaminando muitos" (Hb 12.15). Essa "raiz de amargura" endurece nosso coração, faz com que nos tornemos pessoas azedas. Tudo fica amargo e nos tornamos tão tóxicas que as pessoas não conseguem mais conviver conosco. No grego, a palavra que o escritor aos hebreus utilizou originalmente nesse versículo e foi traduzida no português como "amargura" é πικρία (*pikria*), que significa, especificamente, "veneno" e, por inferência, "amargura". Logo, o espelho do passado faz com que as mulheres que se olham por ele geralmente acabem sozinhas, pois se tornam venenosas e, por isso, ninguém consegue conviver com elas. Vivem olhando para trás e se esquecem de que a cura de Deus para nossas feridas do passado é o perdão. Lembre-se do que Cristo disse na oração do Pai-nosso:

> Pai nosso, que estás nos céus! Santificado seja o teu nome. Venha o teu Reino; seja feita a tua vontade, assim na terra como no céu. Dá-nos hoje o nosso pão de cada dia. Perdoa as nossas dívidas, assim como perdoamos aos nossos devedores. E não nos deixes cair em tentação, mas livra-nos do mal, porque teu é o Reino, o poder e a glória para sempre. Amém.
>
> Mateus 6.9-13

"Perdoa as nossas dívidas, assim como perdoamos aos nossos devedores" é a petição que devemos fazer por ordem divina. Logo, perdoar aqueles que nos fizeram mal é algo inadiável, urgente e fundamental. Faz bem a quem nos

50 REFLEXOS DA ALMA

ofendeu, é melhor ainda para nós mesmas e deixa Deus feliz. Já a falta de perdão envenena nossa alma e nos distancia do Senhor. Perdão é o padrão de Jesus, reforçado quando ele estava preso na cruz do Calvário. Cristo estava diante daqueles que viram seus milagres e foram alimentados por suas palavras e pelos pães e peixes que multiplicou. Porém, mesmo tendo recebido alimento para a alma e para o corpo, aquelas pessoas retribuíram com atitudes extremamente malignas: cuspiram, maltrataram, açoitaram, feriram, ofenderam, crucificaram. E quais foram as palavras do Cordeiro de Deus? "Pai, perdoa-lhes, pois não sabem o que estão fazendo" (Lc 23.34). Jesus deu o exemplo. Perdão é uma imagem sempre presente no espelho de Deus. Já a amargura faz parte dos reflexos do espelho distorcido do passado.

> *As consequências de se ver pelo espelho do passado é que isso gera amargura e falta de perdão e nos leva a ter pensamentos e atitudes antibíblicos – portanto, pecaminosos. Satanás não quer que sejamos livres dessas mentiras; ele deseja que fiquemos presas às mágoas do passado.*

Talvez você tenha acreditado na mentira de que deve fazer justiça com as próprias mãos. Não é por aí. Pedro nos instrui: "Não retribuam mal com mal, nem insulto com insulto; ao contrário, bendigam; pois para isso vocês foram chamados, para receberem bênção por herança" (1Pe 3.9). O apóstolo simplesmente está reproduzindo o que o próprio Cristo ensinou e enfatizou:

A MULHER AOS SEUS PRÓPRIOS OLHOS   51

Vocês ouviram o que foi dito: 'Olho por olho e dente por dente'. Mas eu lhes digo: Não resistam ao perverso. Se alguém o ferir na face direita, ofereça-lhe também a outra. E se alguém quiser processá-lo e tirar-lhe a túnica, deixe que leve também a capa. Se alguém o forçar a caminhar com ele uma milha, vá com ele duas. Dê a quem lhe pede, e não volte as costas àquele que deseja pedir-lhe algo emprestado. Vocês ouviram o que foi dito: 'Ame o seu próximo e odeie o seu inimigo'. Mas eu lhes digo: Amem os seus inimigos e orem por aqueles que os perseguem, para que vocês venham a ser filhos de seu Pai que está nos céus. Porque ele faz raiar o seu sol sobre maus e bons e derrama chuva sobre justos e injustos. Se vocês amarem aqueles que os amam, que recompensa vocês receberão? Até os publicanos fazem isso! E se saudarem apenas os seus irmãos, o que estarão fazendo de mais? Até os pagãos fazem isso! Portanto, sejam perfeitos como perfeito é o Pai celestial de vocês.

Mateus 5.38-48

O ensinamento do perdão é tão importante no Novo Testamento que foi replicado também pelo apóstolo Paulo:

Abençoem aqueles que os perseguem; abençoem, e não os amaldiçoem. Alegrem-se com os que se alegram; chorem com os que choram. Tenham uma mesma atitude uns para com os outros. Não sejam orgulhosos, mas estejam dispostos a associar-se a pessoas de posição inferior. Não sejam sábios aos seus próprios olhos. Não retribuam a ninguém mal por mal. Procurem fazer o que é correto aos olhos de todos. Façam todo o possível para viver em paz com todos. Amados, nunca procurem vingar--se, mas deixem com Deus a ira, pois está escrito: "Minha é

52 REFLEXOS DA ALMA

a vingança; eu retribuirei", diz o Senhor. Ao contrário: "Se o seu inimigo tiver fome, dê-lhe de comer; se tiver sede, dê-lhe de beber. Fazendo isso, você amontoará brasas vivas sobre a cabeça dele". Não se deixem vencer pelo mal, mas vençam o mal com o bem.

Romanos 12.14-21

Aqui está a boa notícia: se você se olha diariamente no espelho do passado e revive dia após dia as dores de uma época que já não é mais, há uma forma de romper esse ciclo: perdoe os seus ofensores. Perdoe-os, sejam eles quem forem, seja lá o que tenham feito. Com isso, você deixará de ser vítima da mentira, do engano, do erro, da deformação da verdade... e será livre!

Quando você se vê como vítima, mentiras invadem seu coração e sua mente e assumem o controle da sua vida. Muitas mulheres abusadas chegam a acreditar que elas foram as responsáveis pelo abuso que sofreram, quando a verdade é que não têm absolutamente nenhuma responsabilidade sobre o fato. O reflexo que contemplam mostra a imagem de si mesmas como pessoas indignas, sujas, que não merecem ser amadas outra vez. Isso é mentira! É uma distorção da verdade! Elas precisam pensar no hoje, porque hoje têm um marido que as ama — mas não conseguem desfrutar do casamento porque vivem presas àquele passado de abuso, de outros homens que as tocaram como não deviam. Isso faz com que, ao viverem momentos de abençoada intimidade com seu marido, Satanás chegue trazendo à memória delas lembranças negativas do passado. Assim, a mulher se fecha totalmente. Seja livre do seu passado de uma vez por todas!

> *Se você se olha diariamente no espelho do passado e revive dia após dia as dores de uma época que já não é mais, há uma forma de romper esse ciclo: perdoe os seus ofensores.*

Não é apenas o que fizeram contra nós que nos prende ao passado. Se fizemos algo errado, se tomamos atitudes pecaminosas, se saímos dos caminhos do Senhor, isso pode gerar uma autoimagem totalmente distorcida de quem somos hoje. Erramos no passado, pecamos, mas nos arrependemos, confessamos nossa transgressão e a abandonamos. Alcançamos a misericórdia do Senhor, mas, muitas vezes, nós mesmas não nos perdoamos. E, em vez de nos olharmos no espelho de Deus — que nos mostra que fomos justificadas, perdoadas, regeneradas e restauradas —, nos olhamos no espelho do passado e enxergamos nele pessoas que não somos mais e que carregam culpas que já foram eliminadas pelo sangue de Cristo. Ficamos olhando continuamente no espelho do passado e vendo as mentiras que falamos, o aborto que fizemos. A culpa continua sobre nós, como um fardo pesadíssimo. São muitas as mães que tentaram abortar os filhos, mas não conseguiram e, até hoje, ouvem as acusações que Satanás sussurra quando olham para o filho já grande. Ficam acorrentadas a prisões do passado, esquecendo-se de que o perdão de Deus está ao alcance delas.

As Escrituras dizem acerca do Diabo:

Agora veio a salvação, o poder e o Reino do nosso Deus, e a autoridade do seu Cristo, pois foi lançado fora o acusador dos

54 REFLEXOS DA ALMA

nossos irmãos, que os acusa diante do nosso Deus, dia e noite. Eles o venceram pelo sangue do Cordeiro e pela palavra do testemunho que deram; diante da morte, não amaram a própria vida. Portanto, celebrem-no, ó céus, e os que neles habitam! Mas, ai da terra e do mar, pois o Diabo desceu até vocês! Ele está cheio de fúria, pois sabe que lhe resta pouco tempo.

Apocalipse 12.10-12

Uma das características de Satanás é ser "acusador". Ele nos acusa constantemente diante do nosso Deus, dia e noite. Mas, uma vez identificado o inimigo, temos de reconhecer suas mentiras e substituí-las pela verdade. As acusações do Diabo vão acontecer sempre, mas nós não podemos aceitá-las, se fomos lavadas no sangue do Cordeiro. Os reflexos deformados que Satanás projeta no espelho do passado podem ser apagados pelo sangue de Cristo, pela cruz. Tudo o que precisamos é crer nisso, agir de acordo e passar a nos enxergarmos no espelho de Deus. A Bíblia é clara a esse respeito:

Se, porém, andarmos na luz, como ele está na luz, temos comunhão uns com os outros, e o sangue de Jesus, seu Filho, nos purifica de todo pecado. Se afirmarmos que estamos sem pecado, enganamos a nós mesmos, e a verdade não está em nós. Se confessarmos os nossos pecados, ele é fiel e justo para perdoar os nossos pecados e nos purificar de toda injustiça.

1João 1.7-9

Cristo é fiel e justo. Cristo perdoa todos os nossos pecados. Cristo nos purifica de toda a injustiça. "Quem esconde os seus pecados não prospera, mas quem os confessa e os abandona encontra misericórdia" (Pv 28.13). Você confessou seus pecados e os abandonou? Então não resta acusação contra você. Os espelhos não podem mais distorcer quem você é, aos seus próprios olhos, pois Jesus deixou sua imagem cristalina e aprumada. Sem variações. "Sou eu, eu mesmo, aquele que apaga suas transgressões, por amor de mim, e que não se lembra mais de seus pecados" (Is 43.25). Temos de nos apegar a essa verdade divina! É como se estivéssemos diante de um mar e o Senhor tomasse os nossos erros, fracassos e pecados, os jogasse no mais profundo desse mar e pusesse uma placa bem grande: "É proibido pescar".

> Quem é comparável a ti, ó Deus, que perdoas o pecado e esqueces a transgressão do remanescente da sua herança? Tu, que não permaneces irado para sempre, mas tens prazer em mostrar amor. De novo terás compaixão de nós; pisarás as nossas maldades e atirarás todos os nossos pecados nas profundezas do mar.
>
> Miqueias 7.18-19

Quando o acusador tentar nos fazer olhar para o passado, para as falhas, para os pecados que cometemos, devemos ir a ele e dizer: "Meu Deus não se lembra mais disso e eu também não quero me lembrar". Lembre-se sempre de que Jesus não fica se lembrando.

O ESPELHO DAS EXPECTATIVAS FRUSTRADAS

O próximo espelho que tenta nos fazer ver como não somos é o das expectativas frustradas. Satanás continua usando em nossos dias a mesma estratégia que utilizou no jardim do Éden. Eva tinha tudo para ser feliz, estava em um lugar

56   REFLEXOS DA ALMA

perfeito, o paraíso. Ela tinha o marido ideal. Tudo era paz e harmonia. Eva tinha tudo de que precisava. Mas, então, veio a serpente, o Diabo, o mentiroso, para deturpar a verdade de Deus, para distorcer as imagens.

Satanás mudou sutilmente a palavra de Deus e, com isso, fez com que Eva pensasse: "Por que eu não posso comer desse fruto? Será mesmo que o Senhor não quer que eu o coma? Será que Deus não me quer bem?". Ela se esqueceu do banquete que todas as árvores do jardim lhe ofereciam. Eva tinha à disposição uma quantidade ilimitada dos mais deliciosos alimentos. A única exceção, justamente aquele que ela não podia comer, foi a que Satanás a instigou a desejar. "Será que Deus não quer a minha felicidade? Por que ele não realiza o meu desejo? Por que eu tenho de esperar?".

Nós temos tudo de que precisamos, mas Satanás quer nos fazer acreditar que justamente a única coisa que não possuímos é a razão da nossa infelicidade. Isso é uma mentira, um engano. Deus é bom e nos quer bem. Ele tem bons planos para nós, mesmo que não estejamos compreendendo a razão de nos privar de algo que queremos muito. Uma das minhas passagens bíblicas favoritas fala justamente dos bons planos do Senhor para seu povo. Foi algo que ele disse, por meio de uma carta que o profeta Jeremias enviou de Jerusalém aos líderes que ainda restavam entre os exilados, aos sacerdotes, aos profetas e a todo o povo que Nabucodonosor deportou de Jerusalém para a Babilônia.

Assim diz o Senhor: "Quando se completarem os setenta anos da Babilônia, eu cumprirei a minha promessa em favor de vocês, de trazê-los de volta para este lugar. Porque sou eu que conheço

A MULHER AOS SEUS PRÓPRIOS OLHOS   57

os planos que tenho para vocês", diz o Senhor, "planos de fazê-
-los prosperar e não de lhes causar dano, planos de dar-lhes esperança e um futuro. Então vocês clamarão a mim, virão orar a
mim, e eu os ouvirei. Vocês me procurarão e me acharão quando
me procurarem de todo o coração. Eu me deixarei ser encontra-
do por vocês", declara o Senhor, "e os trarei de volta do cativeiro. Eu os reunirei de todas as nações e de todos os lugares para
onde eu os dispersei, e os trarei de volta para o lugar de onde os
deportei", diz o Senhor.

Jeremias 29.10-14

Ainda que o povo desejasse voltar logo para sua terra, a
mensagem dizia que teriam de esperar setenta anos. Eles de-
veriam permanecer na Babilônia e confiar que Deus não lhes
queria mal, pelo contrário, queria bem. Crer que o Senhor
tem bons planos para nós, para nosso futuro, enche o coração
de esperança e ajuda a consertar as deformações causadas
pelo espelho das expectativas frustradas.

> *Nós temos tudo de que precisamos, mas Satanás
> quer nos fazer acreditar que justamente a única
> coisa que não possuímos é a razão da nossa
> infelicidade. Isso é uma mentira, um engano.*

Deus tem bons planos para nós e um futuro preparado
para cada pessoa. O Senhor tem projetos a nosso respeito,
que ele escreveu em seu livro. "Todos os dias determinados
para mim foram escritos no teu livro antes de qualquer deles
existir" (Sl 139.16). Portanto, esse futuro planejado no céu

para cada uma de nós não deve causar descontentamento ou insatisfação. O espelho das expectativas frustradas nos tira do presente, do hoje, da realidade do que temos, e nos leva a viver no *se*. São tantos *se*! "Ah, *se* eu tivesse me casado com outra pessoa", "Ah, *se* eu tivesse nascido em outra família", "Ah, *se* eu tivesse feito uma escolha diferente!".

Em que isso resulta? Nunca estamos felizes, contentes, satisfeitas. Com essas frustrações vem a ansiedade. E a ansiedade tem deixado muitas mulheres doentes, como diz a Bíblia: "A esperança que se retarda deixa o coração doente, mas o anseio satisfeito é árvore de vida" (Pv 13.12). Nós, mulheres, tendemos a ser ansiosas, preocupadas com o amanhã, inseguras, tensas. Isso revela que não confiamos que o futuro está nas mãos de Deus. A ansiedade estimulada pelo espelho das expectativas frustradas contraria diretamente os princípios bíblicos. "Não andem ansiosos por coisa alguma, mas em tudo, pela oração e súplicas, e com ação de graças, apresentem seus pedidos a Deus. E a paz de Deus, que excede todo o entendimento, guardará o coração e a mente de vocês em Cristo Jesus" (Fp 4.6-7). Essa é a verdade da Palavra de Deus.

Confie no Senhor e faça o bem; assim você habitará na terra e desfrutará segurança. Deleite-se no Senhor, e ele atenderá aos desejos do seu coração. Entregue o seu caminho ao Senhor; confie nele, e ele agirá: ele deixará claro como a alvorada que você é justo, e como o sol do meio-dia que você é inocente. Descanse no Senhor e aguarde por ele com paciência.

Salmos 37.3-7

Não ande ansiosa, mulher, descanse em Deus. Viva o presente com contentamento. Confie que o Senhor tem bons planos para você e que seu futuro está seguro nas mãos dele.

O ESPELHO DA PALAVRA DE DEUS

O último espelho é o da Palavra de Deus. E, aqui, estou me referindo aos dois significados bíblicos que esse conceito adquire no Novo Testamento: Jesus como a Palavra viva e a Bíblia como a Palavra escrita.

Você já sabe que tem um inimigo mentiroso, que precisa reconhecer suas mentiras e substituí-las pela verdade. E já sabemos que Jesus é a verdade. Mas ele também é a Palavra: "No princípio era aquele que é a Palavra. Ele estava com Deus, e era Deus. Ele estava com Deus no princípio" (Jo 1.1-2). Jesus é a Palavra encarnada. "Aquele que é a Palavra tornou-se carne e viveu entre nós. Vimos a sua glória, glória como do Unigênito vindo do Pai, cheio de graça e de verdade" (Jo 1.14). Nós nos tornaremos semelhantes a Jesus se olharmos pelo espelho da Palavra. Se o fizermos, contemplamos o Senhor, seus pensamentos e padrões, sua forma de agir, seus valores e princípios. Com isso, somos transformadas à sua própria imagem, à semelhança de quem ele é. Somos transformadas de glória em glória, pela Palavra, pelo Senhor.

Se desejamos ser parecidas com Jesus e substituir as mentiras pelas verdades, precisamos conhecer a Bíblia, o livro mais poderoso que há, pois é a Palavra revelada do Criador do universo. Aonde ela chega, é lida, estudada e estraga tudo aquilo que Satanás planejou. As verdades celestiais contidas nas Escrituras quebram as mentiras, destroem o engano.

60 REFLEXOS DA ALMA

Todos os livros que escrevemos no mundo cristão são baseados na Bíblia, a obra mais importante de todas. À medida que você se encher da Palavra, verá uma transformação tremenda em sua vida.

No livro *De bem com você* — *Acredite em Deus e não nas mentiras que você conta a si mesma* (Mundo Cristão, 2012, p. 73), a autora Sharon Jaynes cita o psiquiatra Paul Meier. Ele fez um estudo sobre os efeitos da meditação na Bíblia e chegou a uma conclusão:

> A meditação diária sobre a Bíblia, com dedicação pessoal, é a maneira mais eficaz de obter alegria, paz e maturidade emocional. [...] Em média são necessários cerca de três anos de meditação diária na Bíblia para causar mudança suficiente no modo de pensar e no comportamento de uma pessoa para produzir saúde mental e felicidade estatisticamente superiores.

Comece a ler e meditar na Palavra de Deus.

As Escrituras são um detector de mentiras celestial. Paulo escreveu: "Finalmente, irmãos, tudo o que for verdadeiro, tudo o que for nobre, tudo o que for correto, tudo o que for puro, tudo o que for amável, tudo o que for de boa fama, se houver algo de excelente ou digno de louvor, pensem nessas coisas" (Fp 4.8).

Se desejamos ser parecidas com Jesus e substituir as mentiras pelas verdades, precisamos conhecer a Bíblia, o livro mais poderoso que há, pois é a Palavra revelada do Criador do universo.

Comece com isso. A cada pensamento podemos nos posicionar diante da Palavra de Deus e nos perguntar: "Será que isso é puro?". Se perceber, pelo estudo das verdades bíblicas, que não, não pense nisso. Se você for cheia pela Palavra, conseguirá detectar as mentiras, resistirá ao Diabo e ele fugirá.

Se olhamos para Jesus, nos tornamos mais parecidas com ele. O espelho de Deus é o único que precisamos fitar para nos enxergarmos como realmente somos. É nos refletindo na Palavra de Deus — viva e escrita — que obteremos a mente de Cristo, passaremos a pensar como ele pensa e a agir segundo o seu padrão. Só assim vamos incorporar em nós o seu modo de ser, sentir e agir e, então, passaremos a fazer tudo como ele faria. Esse é o desejo de Deus, ter filhas semelhantes ao seu próprio Filho Jesus. Um exemplo disso é o modo como o Senhor nos ensinou a orar: em nome de Jesus. Orar no nome dele é como se ele próprio estivesse orando, é falar com o Pai na autoridade do Filho. Para orar como Cristo oraria, precisamos pensar e sentir como ele. Sejamos cheias dele e de seu próprio coração em nossas vidas!

De hoje em diante, se vier um pensamento à sua mente que a leve a se enxergar de forma distorcida, deformada, diga para si mesma e para mais quem quiser ouvir: "Eu sou obra-prima da criação, eu sou linda porque Deus me fez de um modo maravilhoso!". Se, de vez em quando, vierem à sua mente ideias como "Eu não consigo fazer nada direito", "Sou uma fracassada" e "Eu desisto", pense se Jesus falaria coisas do tipo a você. Mire-se no espelho de Deus e diga: "Eu vou tentar de novo e o Senhor me capacitará!".

Identifique o inimigo, reconheça as mentiras e as substitua pela verdade. Temos um espelho verdadeiro e fiel junto a nós. Sejamos como Jesus é.

Para refletir e viver

1. Quando você pensa a respeito de si mesma, o que vem à sua mente? Em outras palavras, ao examinar-se, qual é a primeira imagem que vem à sua mente?

2. Em quem você tem se espelhado? Quais pessoas são seu modelo, exemplo e referencial?

3. Quais são as principais mentiras que dominam sua vida e que precisam urgentemente ser substituídas pela verdade?

4. Você consegue identificar áreas de sua vida em que está presa aos padrões da sociedade?

5. Você tem o hábito de consumir mídias da sociedade que deformam os valores bíblicos, como novelas, revistas de fofoca ou filmes com mensagens anticristãs? De que forma percebe que isso afeta sua vida e o que pode fazer para mudar com relação a isso?

6. Como você vê a figura masculina, como Deus enxerga ou como a sociedade, que tenta virar o papel de homem e mulher ao avesso?

7. O padrão de beleza que você segue é o bíblico ou o da sociedade? Você investe mais tempo e esforço para ser bonita do lado de fora ou do lado de dentro?

8. Você é feliz com o que tem ou está sempre procurando felicidade em compras e na busca pelo dinheiro?

9. Você, ainda hoje, fica remoendo feridas do passado? Até que ponto percebe que está acorrentada a momentos em que experimentou dor e sofrimento? Se a resposta foi afirmativa, que atitudes bíblicas poderia tomar para superar os traumas do passado?

10. Será que a sua autoimagem está distorcida devido a algo errado que fez no passado? Se a resposta foi afirmativa, que atitudes bíblicas poderia tomar para se perdoar dos pecados cometidos lá atrás?

11. De que modo suas expectativas frustradas afetam sua ansiedade e sua caminhada com Deus? O que poderia ser feito para sanar esse problema?

12. O que você vê quando olha seu reflexo no espelho da Palavra de Deus?

13. Você identificou o inimigo e reconheceu as mentiras? O que a impede de substituí-las pela verdade?

capítulo 2

A mulher aos olhos da família

Helena Tannure

Toda mulher é um ser humano plural. Isso significa que cada uma de nós carrega muitas pessoas dentro de si, indivíduos que nos influenciaram, aconselharam, ajudaram ou, mesmo, prejudicaram — que, de algum modo, fizeram parte do processo de nos tornar quem somos. E em nenhum outro ambiente essa intervenção ocorre com mais força e consequência do que na nossa família de origem. Uma prima, uma tia, uma avó, a mãe, o irmão... muitos são os que exercem impacto sobre nós, em especial porque as circunstâncias ao redor acabam conspirando para que a gente sofra influências diariamente, tanto da sociedade quanto de pessoas que atravessaram nosso caminho e fizeram parte de nossa história. Apesar de essa multidão de pessoas contribuir para formar quem somos, só enxergamos o nosso verdadeiro valor no espelho de Deus, que reflete não a aparência ou as circunstâncias, mas simplesmente a nossa alma em sua essência.

As influências da família de origem podem vir de muitas maneiras. Pode ser que sua mãe tenha lhe ensinado desde cedo que, se você não tomar as rédeas da sua vida, alguém lhe

66   REFLEXOS DA ALMA

colocará arreios. Com isso, a disciplina e a rigidez se incorporaram à sua pessoa. Você foi convencida de que choro é coisa para gente fraca. Tudo isso despertou uma general dentro de si. De repente, sua mãe lhe ensinou que é um absurdo dar ouvidos ao marido. Onde já se viu obedecer a um homem? Nada disso! O lance é independência ou morte!

Ou, então, você não é uma pessoa impositiva, pelo contrário, é um bicho-grilo. Em tudo na vida, respira fundo. Está sempre leve, *zen*, porque a família em que foi criada era toda formada por pessoas para quem não vale a pena se estressar com nada. Por isso, crê que precisa entrar em conexão com o cosmos, na maior placidez. Tudo é paz e alegria.

Quem sabe, ainda, você seja daquelas militantes, pois foi criada por pais extremamente politizados e ligados a movimentos sindicais. A solução para tudo é ir para a rua, com faixa em punho, e exigir mudanças. Você acredita que não devemos aceitar tudo o que enfiam pela nossa goela abaixo, que precisamos criar mais leis, porque a Maria da Penha não está adiantando. É preciso protestar! Fazer valer os nossos direitos! Cobrar alto pelo nosso trabalho! Vamos lutar!

É possível, ainda, que você seja amargurada, pois não encontrou pessoas muito afetuosas ao longo da estrada da vida. Às vezes, ao se deparar com momentos de alegria, você pergunta: "Estão rindo de quê?". Pode ser que, por não ter crescido com o afeto dos pais, você tenha se virado no que foi possível. "Cresci de casa em casa, mas eu me viro. Faço unha, faço faxina, não dependo de ninguém. Eu sou uma sobrevivente!". Talvez os meninos da escola a chamassem de "quatro-olhos", "fundo de garrafa". Então, por todas essas

A MULHER AOS OLHOS DA FAMÍLIA   67

influências, é capaz que seu humor seja do tipo: "O que estão olhando? Vão todos tomar banho!".

Por fim, você pode ser, também, movida por aparências. De repente, sua avó lhe ensinou, desde que era pequena, que uma mulher nunca desce do salto. Ninguém sabe quem você realmente é. Então, mantenha a aparência, haja o que houver.

Seja como você for, o fato é que as pessoas que contribuíram para a sua formação a influenciaram tremendamente. A forma como você se vê é um resultado direto do espelho da família em que foi criada. Cada vez que busca um referencial, não há como não se refletir nele, tamanho é seu poder de afetar quem você é, o que faz e como pensa.

Infelizmente, a realidade é que, muitas vezes, é dentro da nossa própria casa de origem que acabamos encontrando os nossos maiores opositores, seja pela proximidade, pelo viver diário, pelo compartilhamento da vida. Na convivência familiar estão as pessoas mais importantes de nossa história durante a primeira parte de nossa caminhada sobre a terra — pais, irmãos, avós. Logo, aqueles que estão ao nosso lado são os que mais nos influenciam, e pela vida toda. Nós nos espelhamos demais naqueles que fizeram parte da nossa criação.

E esse é o desejo de Deus para a família: que haja a transmissão de uma influência positiva das antigas para as novas gerações. Isso fica claro em passagens como Provérbios 22.6: "Instrua a criança segundo os objetivos que você tem para ela, e mesmo com o passar dos anos não se desviará deles". Mas, justamente por termos essa afinidade e esse vínculo tão grande com tais pessoas, o lar é um local em que o Diabo vai sempre tentar achar um aliado. Ou uma aliada.

68 REFLEXOS DA ALMA

> *Seja como você for, o fato é que as pessoas que contribuíram para a sua formação a influenciaram tremendamente. A forma como você se vê é um resultado direto do espelho da família em que foi criada.*

De repente, sua mãe, em determinado momento, estava nervosa e falou alguma coisa que imprimiu uma impressão maligna em você, deixando-a estigmatizada. Isso pode ocorrer apenas pelo tom de voz, sem que seja necessário usar palavras pejorativas. Satanás não vai caçar uma pessoa na rua para dizer que você "não vale nada", pois isso não faria a menor diferença. Se um indivíduo que não conhecemos faz uma crítica maldosa e destrutiva, podemos até nos abalar, mas logo esqueceremos. Agora, se o Diabo conseguir levar seu pai a afirmar que "você está gorda, está feia", aí sim ele conseguirá atingí-la. Quando a crítica mal construída vem das pessoas mais importantes da nossa vida, aquilo se torna um fardo pesadíssimo. O resultado é que começamos a recuar, a nos fechar, a sofrer profundas feridas na alma.

Isso fica claro quando olhamos para a própria Palavra de Deus. Ao longo de todos os relatos das Escrituras vemos circunstâncias muito similares às que vivenciamos em nossa casa, em nossa família. A realidade é que a Bíblia está recheada desses exemplos. Se prestarmos atenção apenas ao livro de Gênesis, veremos quantas histórias com esse perfil encontramos. Lemos, por exemplo, o caso de Caim, vítima do pecado que entrou nele por ação de seus próprios pais, Adão e Eva.

A MULHER AOS OLHOS DA FAMÍLIA   69

Eles não obedeceram a Deus e, depois, se esconderam dele. Quando Caim teve sua oferta rejeitada, ele também não quis resolver isso com o Senhor. Revoltou-se furioso contra Abel, sentiu ciúmes e não sossegou enquanto não tirou a vida do irmão. Um assassinato que teve origem em um mal causado pelo pai e pela mãe e que levou um homem a se tornar o maior algoz do próprio irmão.

Encontramos o mesmo princípio na história de Jacó, que enganou Esaú — novamente um problema com alguém que é sangue do seu sangue. Quando observamos sua família, percebemos que ela era bastante disfuncional: o pai, Isaque, protegia um dos filhos e a mãe, Rebeca, tinha o outro como favorito. Isso provocava conflitos, inveja, dissensões. Um péssimo exemplo debaixo do mesmo teto. A história nós já conhecemos, está descrita em Gênesis 27. Vamos reler apenas o desfecho do que ocorreu, com especial atenção para quantos problemas destrutivos ocorreram em decorrência dessa má influência dentro da própria família e o nível de dramaticidade envolvido naquela situação.

Quando Isaque acabou de abençoar Jacó, mal tendo ele saído da presença do pai, seu irmão Esaú chegou da caçada. Ele também preparou uma comida saborosa e a trouxe a seu pai. E lhe disse: "Meu pai, levante-se e coma da minha caça, para que o senhor me dê sua bênção". Perguntou-lhe seu pai Isaque: "Quem é você?" Ele respondeu: "Sou Esaú, seu filho mais velho". Profundamente abalado, Isaque começou a tremer muito e disse: "Quem então apanhou a caça e a trouxe para mim? Acabei de comê-la antes de você entrar e a ele abençoei; e abençoado ele será!" Quando Esaú ouviu as palavras de seu pai, deu

70 REFLEXOS DA ALMA

um forte grito e, cheio de amargura, implorou ao pai: "Abençoe também a mim, meu pai!" Mas ele respondeu: "Seu irmão chegou astutamente e recebeu a bênção que pertencia a você". E disse Esaú: "Não é com razão que o seu nome é Jacó? Já é a segunda vez que ele me engana! Primeiro tomou o meu direito de filho mais velho, e agora recebeu a minha bênção!" Então perguntou ao pai: "O senhor não reservou nenhuma bênção para mim?" Isaque respondeu a Esaú: "Eu o constituí senhor sobre você, e a todos os seus parentes tornei servos dele; a ele supri de cereal e de vinho. Que é que eu poderia fazer por você, meu filho?" Esaú pediu ao pai: "Meu pai, o senhor tem apenas uma bênção? Abençoe-me também, meu pai!" Então chorou Esaú em alta voz. [...] Esaú guardou rancor contra Jacó por causa da bênção que seu pai lhe dera. E disse a si mesmo: "Os dias de luto pela morte de meu pai estão próximos; então matarei meu irmão Jacó".

Gênesis 27.30-38, 41

Fica claro que Jacó foi muito influenciado pela mãe, Rebeca. Se você observar bem o texto bíblico, verá que foi ela quem o instigou à mentira.

Ora, Rebeca estava ouvindo o que Isaque dizia a seu filho Esaú. Quando Esaú saiu ao campo para caçar, Rebeca disse a seu filho Jacó: "Ouvi seu pai dizer a seu irmão Esaú: 'Traga-me alguma caça e prepare-me aquela comida saborosa, para que eu a coma e o abençoe na presença do Senhor antes de morrer'. Agora, meu filho, ouça bem e faça o que lhe ordeno: Vá ao rebanho e traga-me dois cabritos escolhidos, para que eu prepare uma comida

A MULHER AOS OLHOS DA FAMÍLIA 71

saborosa para seu pai, como ele aprecia. Leve-a então a seu pai, para que ele a coma e o abençoe antes de morrer".

Gênesis 27.5-10

Reparou como a mãe de Jacó foi a idealizadora de toda a situação? Possivelmente, se ela não tivesse a ideia, nada daquilo teria ocorrido. Rebeca bolou o plano, aliciou o filho para agir segundo o que ela elaborou e ainda por cima *ordenou* que ele participasse daquele cambalacho. Em geral vemos Jacó como o grande culpado pelo engodo, mas a grande responsável, na verdade, foi sua mãe. Ela causou aquele mal. A Bíblia não diz, mas podemos supor que a criação dela ocorreu em um ambiente onde passar os outros para trás era algo estimulado. Como posso afirmar isso? Porque seu irmão, Labão, agia exatamente igual.

Labão era tio de Jacó e, como tal, deveria protegê-lo, instruí-lo, ensinar a ele boas lições. Mas não. Labão enganou o próprio sobrinho. A princípio, o relato bíblico dá a entender que o relacionamento entre os dois seria extremamente benéfico para aquele filho de um lar deformado.

Logo que Labão ouviu as notícias acerca de Jacó, seu sobrinho, correu ao seu encontro, abraçou-o e o beijou. Depois, levou-o para casa, e Jacó contou-lhe tudo o que havia ocorrido. Então Labão lhe disse: "Você é sangue do meu sangue.

Gênesis 29.13-14

Parece que Jacó poderia se espelhar no tio e aprender a se comportar como os pais não lhe ensinaram. Só que, pouco tempo depois, Labão impôs uma dura pena sobre o sobrinho,

72   REFLEXOS DA ALMA

o explorou profissionalmente e ainda lhe deu a filha errada como esposa. Isso é família na sua versão mais crua.

CUIDADO: VOCÊ PODE SER O MAL

Nós precisamos de cura, de transformação, para que não sejamos parceiras de Satanás na vida de nossos filhos, do marido, do pai, da mãe, dos irmãos. E isso só é possível se formos reflexos de Cristo, se nossa imagem for formada no espelho de Deus e não no das más influências que encontramos na nossa família. Quando a palavra mal dita é liberada sobre nós por alguém de nossa própria casa, ela tem um poder letal; ela mata. Você pode pensar em todos que a feriram, mas possivelmente não se lembra de que você pode ser uma arma nas mãos de Satanás. De repente, você pode ser uma mulher que desmerece, ridiculariza e diminui os que estão debaixo do mesmo teto. Você pode, por exemplo, ser daquelas esposas que dizem ao marido, que trabalhou o dia inteiro e chegou cansado do serviço, coisas como: "Vai fazer o seu prato, não sou sua empregada não, também trabalhei o dia inteiro!". A esposa que age assim amaldiçoa o marido, joga-o para baixo. Ela se torna uma aliada de Satanás.

Quero destacar outro exemplo. Voltemos para a história de Jacó. Depois de enganar o irmão, por influência da mãe, ele fugiu para Harã e foi viver com o tio. Lá acontece o seguinte:

Já fazia um mês que Jacó estava na casa de Labão, quando este lhe disse: "Só por ser meu parente você vai trabalhar de graça? Diga-me qual deve ser o seu salário". Ora, Labão tinha duas filhas; o nome da mais velha era Lia, e o da mais nova, Raquel. Lia tinha olhos meigos, mas Raquel era bonita e atraente. Como

A MULHER AOS OLHOS DA FAMÍLIA 73

Jacó gostava muito de Raquel, disse: "Trabalharei sete anos em troca de Raquel, sua filha mais nova". Labão respondeu: "Será melhor dá-la a você do que a algum outro homem. Fique aqui comigo". Então Jacó trabalhou sete anos por Raquel, mas lhe pareceram poucos dias, pelo tanto que a amava. Então disse Jacó a Labão: "Entregue-me a minha mulher. Cumpri o prazo previsto e quero deitar-me com ela". Então Labão reuniu todo o povo daquele lugar e deu uma festa. Mas quando a noite chegou, deu sua filha Lia a Jacó, e Jacó deitou-se com ela. Labão também entregou sua serva Zilpa à sua filha, para que ficasse a serviço dela. Quando chegou a manhã, lá estava Lia. Então Jacó disse a Labão: "Que foi que você me fez? Eu não trabalhei por Raquel? Por que você me enganou?" Labão respondeu: "Aqui não é costume entregar em casamento a filha mais nova antes da mais velha. Deixe passar esta semana de núpcias e lhe daremos também a mais nova, em troca de mais sete anos de trabalho". Jacó concordou. Passou aquela semana de núpcias com Lia, e Labão lhe deu sua filha Raquel por mulher. Labão deu a Raquel sua serva Bila, para que ficasse a serviço dela. Jacó deitou-se também com Raquel, que era a sua preferida. E trabalhou para Labão outros sete anos. Quando o Senhor viu que Lia era desprezada, concedeu-lhe filhos; Raquel, porém, era estéril. Lia engravidou, deu à luz um filho, e deu-lhe o nome de Rúben, pois dizia: "O Senhor viu a minha infelicidade. Agora, certamente o meu marido me amará". Lia engravidou de novo e, quando deu à luz outro filho, disse: "Porque o Senhor ouviu que sou desprezada, deu-me também este". Pelo que o chamou Simeão. De novo engravidou e, quando deu à luz mais um filho, disse: "Agora, finalmente, meu marido se apegará a mim, porque já lhe dei três filhos". Por isso deu-lhe o nome de Levi. Engravidou ainda outra vez e, quando deu à luz mais outro filho, disse:

74   REFLEXOS DA ALMA

"Desta vez louvarei o SENHOR". Assim deu-lhe o nome de Judá. Então parou de ter filhos. Quando Raquel viu que não dava filhos a Jacó, teve inveja de sua irmã. Por isso disse a Jacó: "Dê--me filhos ou morrerei!" Jacó ficou irritado e disse: "Por acaso estou no lugar de Deus, que a impediu de ter filhos?" Então ela respondeu: "Aqui está Bila, minha serva. Deite-se com ela, para que tenha filhos em meu lugar e por meio dela eu também possa formar família". Por isso ela deu a Jacó sua serva Bila por mulher. Ele deitou-se com ela, Bila engravidou e deu-lhe um filho. Então Raquel disse: "Deus me fez justiça, ouviu o meu clamor e deu-me um filho". Por isso deu-lhe o nome de Dã. Bila, serva de Raquel, engravidou novamente e deu a Jacó o segundo filho. Então disse Raquel: "Tive grande luta com minha irmã e venci". Pelo que o chamou Naftali. Quando Lia viu que tinha parado de ter filhos, tomou sua serva Zilpa e a deu a Jacó por mulher. Zilpa, serva de Lia, deu a Jacó um filho. Então disse Lia: "Que grande sorte!" Por isso o chamou Gade. Zilpa, serva de Lia, deu a Jacó mais um filho. Então Lia exclamou: "Como sou feliz! As mulheres dirão que sou feliz". Por isso lhe deu o nome de Aser. Durante a colheita do trigo, Rúben saiu ao campo, encontrou algumas mandrágoras e as trouxe a Lia, sua mãe. Então Raquel disse a Lia: "Dê-me algumas mandrágoras do seu filho". Mas ela respondeu: "Não lhe foi suficiente tomar de mim o marido? Vai tomar também as mandrágoras que o meu filho trouxe?" Então disse Raquel: "Jacó se deitará com você esta noite, em troca das mandrágoras trazidas pelo seu filho". Quando Jacó chegou do campo naquela tarde, Lia saiu ao seu encontro e lhe disse: "Hoje você me possuirá, pois eu comprei esse direito com as mandrágoras do meu filho". E naquela noite ele se deitou com ela.

Gênesis 29.15-35—30.1-16

Essa passagem bíblica nos mostra como Lia e Raquel começaram a disputa pelo amor de Jacó. Repare: eram irmãs, sangue do mesmo sangue, filhas do mesmo pai, nascidas e criadas debaixo do mesmo teto. Imagino como era a vida daquelas meninas antes de o primo aparecer e penso em como o mesmo acontece conosco. Estamos em paz com a vida, felizes, até que vemos nossa irmã receber algo que gostaríamos de ter recebido. Se vivermos em uma família que não se mire no espelho de Deus, esse fato poderá deflagrar conflitos graves. Já vi famílias, por exemplo, que viviam com cordialidade até que chegou o momento de dividir a herança dos pais falecidos. O que antes era paz tornou-se um campo de guerra, por causa da cobiça e da ganância, maiores do que o amor ao próximo e a abnegação. Foi o que ocorreu na casa de Labão. Aparentemente, todos viviam em paz, até que Jacó entrou em cena e as irmãs começaram a disputar entre si. O caos estava instaurado.

> *Nós precisamos de cura, de transformação, para que não sejamos parceiras de Satanás na vida de nossos filhos, do marido, do pai, da mãe, dos irmãos. E isso só é possível se formos reflexos de Cristo.*

Quando olhamos para Lia, sempre a vemos como estraga-prazeres; já ao pensarmos em Raquel temos aquela sensação de generosidade. Parece que Lia chegou para destruir a felicidade dos outros, mas quando lemos "o Senhor viu que Lia era desprezada", percebemos que nada passa batido aos olhos de Deus. Nosso Pai não desperdiça nenhuma dor. Ele faz com que todas as coisas cooperem para o seu bem, se você o ama. O fato é que, quando penso nessas duas irmãs, imagino que elas deviam viver bem e felizes antes da chegada de Jacó. Repare que não foi opção delas se casar com ele; aquilo foi um negócio entre o pai e o primo delas. Mas quem Jacó amava era Raquel e Lia sentiu a rejeição. Já imaginou você ser dada em casamento a um homem, pensar que agora ele será seu marido e pai dos seus filhos, mas nunca ter esse homem inteiramente para si? Tente visualizar como seria sempre perceber o olhar amoroso dele para a sua própria irmã! Por outro lado, olhamos para Raquel. Ela era dona do amor de Jacó, mas, mesmo assim, não estava satisfeita, porque era o ventre de Lia que crescia, não o dela.

Quando trazemos essa situação para o contexto atual, o da Igreja de nossos dias, vemos que somos irmãs em Cristo, porém vivemos em disputa, competindo entre nós. Você ama aquela pessoa de todo o coração... mas só até o dia em que ela conquista o que você queria conquistar. Ela recebe um cargo na igreja que você desejava, ela se casa e você permanece solteira, ela tem filhos e você não — muitas podem ser as situações. O problema é que, se o seu estilo de vida é competitivo, você sempre ficará no fundo do poço das frustrações. E pode ter certeza de que, se não consegue se alegrar com a bênção das irmãs, a sua família de origem tem grande influência sobre isso. O espelho de um lar no qual os irmãos cresceram num ambiente de competição e descontentamento pelas vitórias dos demais é extremamente deformado. A família de sangue deve ser um lugar de apoio, encorajamento e incentivo mútuos, assim como a família de fé. Mas, se o lar em que cresceu sofria com problemas, o processo de transferência para o lar espiritual não será nenhuma surpresa.

> *Somos irmãs em Cristo, porém vivemos em disputa, competindo entre nós.*

Há um plano de Deus para cada uma de nós. Por isso somos formadas de maneiras distintas. Algumas mulheres não gostam de ir a determinados lugares para não se sentirem humilhadas diante de outras. As conversas fiadas começam, as fofocas, as maledicências. Isso é inveja, ciúme. E nós nos tornamos instrumentos na mão do Diabo quando damos lugar a esses sentimentos. Emprestamos a nossa boca para ele. Damos crédito às mentiras que ele conta. Não conseguimos nos alegrar com as conquistas das nossas conhecidas e começamos a disputar entre nós. Isso é tão real que eu, certa vez, ouvi o depoimento de um homem sobre certo congresso de que participei. Ele disse: "Este congresso é muito diferente de outros a que já fui". Eu perguntei o porquê e ele respondeu: "Porque as mulheres participantes não são nada corteses umas com as outras. Elas são grosseiras, furam fila, marcam lugar, não têm cordialidade". Que triste fiquei ao ouvir aquilo! Como mulheres que foram formadas para ser transporte de doçura são capazes de atitudes como essas?

O Altíssimo nos forjou para sermos doces. Nosso peito amamenta, flui vida do nosso corpo. Nossa voz é mais fina para consolar, para adoçar a vida. Deveríamos ter prazer em pôr flores em casa, em liberar palavras de encorajamento e cura. Deus nos formou para sermos mulheres doces, amáveis,

78 REFLEXOS DA ALMA

corajosas e incentivadoras. O Senhor quer curar outras pessoas por seu intermédio, mas o Diabo busca a sua boca para abortar os planos divinos. Não seja parceira de Satanás, não trabalhe para ele. Você é filha do Todo-poderoso, você está neste mundo para ser uma luz brilhante em Jesus! Reflita-se no espelho de Deus! Se você se espelha em uma família de origem que a feriu, magoou, ofendeu e traumatizou, é hora de deixar para trás os reflexos distorcidos em que projetou a sua imagem até hoje.

Precisamos parar de viver para satisfazer exigências implantadas em nós por pessoas que amamos, mas que nos fizeram muito mal. Não podemos fazer dívida para ostentar um estilo de vida que não tem a ver com nossa realidade financeira, só porque queremos provar para um parente que disse que não teríamos futuro que somos capazes de ter roupa, sapato e bolsa da moda. Temos de parar de nos medir pelo valor que o outro nos dá. Você vale muito. É essa a imagem que você deve ver refletida no espelho de Deus: a de alguém que vale um tesouro aos olhos do Pai. Não se comporte como bijuteria. O seu valor excede o de muitas joias. Pare de competir.

> *Deus nos formou para sermos mulheres doces, amáveis, corajosas e incentivadoras.*

Talvez você tenha ouvido de sua mãe, quando era criança, que precisa ser durona, implacável. Mas Jesus diz: "Bem-aventurados os que choram, pois serão consolados" (Mt 5.4). Se você cresceu de casa em casa e, por isso, tem um senso de valor próprio prejudicado, não precisa ficar na defensiva com tudo só porque no passado precisou viver assim. Se você é

A MULHER AOS OLHOS DA FAMÍLIA 79

excessivamente independente e quer mudar tudo, quebrar tudo, lembre-se de que a maior revolução está no coração — é por meio dela que mudamos o planeta. Outras se preocupam com a aparência, tudo sempre precisa parecer que está bem. Se você ler a Bíblia, verá que pessoas descritas na Palavra de Deus passaram por problemas que encontramos atualmente entre nós e foram afetadas da mesma maneira. Por isso, podemos aprender muito sobre nós olhando para as Escrituras — um dos espelhos de Deus.

Veja o caso de Davi e seu irmão mais velho, Eliabe. Lemos em 1 Samuel 17 que o primogênito estava na frente de batalha contra os filisteus, acompanhado de outros dois irmãos. Davi foi até o local a fim de levar-lhes provisões e também para saber notícias deles e relatar ao seu pai, que já era idoso. Quando chegou lá, Davi escutou Golias desafiar Israel e se irritou profundamente. Começou, então, a conversar com os soldados sobre a situação. Eliabe, ao perceber aquilo, logo se irou contra Davi. O texto me deixa perplexa sobre quanto ele foi violento com o irmão caçula: "Por que você veio até aqui? Com quem deixou aquelas poucas ovelhas no deserto? Sei que você é presunçoso e que o seu coração é mau; você veio só para ver a batalha" (1Sm 17.28).

Vamos supor que Davi tivesse ido só para ver a peleja. Que mal haveria naquilo? Eliabe estava azedo e não dá para entender por quê. Antes de encarar Golias no campo de batalha, Davi teve de vencer o mal dentro de sua própria casa: o irmão mais velho. Naquela época, o primogênito era o modelo a ser seguido. Já Davi era o caçula; era para ele se sentir protegido e cuidado por Eliabe. Mas não. Foi justamente quem deveria zelar por ele que descarregou sua fúria em cima do pobre irmão.

80 REFLEXOS DA ALMA

Logo em seguida, Davi diz: "O que fiz agora?" (v. 29). Eu fico encucada com Eliabe. Em 1Samuel 16, lemos como foi o dia em que Davi foi ungido rei, o que mostra que a unção real ocorreu antes do episódio da estranheza dele com o irmão mais velho. Isso já nos dá pistas do problema. Olhe o que a rejeição faz na vida de uma pessoa. Não é difícil entender o ressentimento que ver o caçula ser estabelecido rei em seu lugar gerou no coração de Eliabe.

Pense em quem da sua família você tem atravessado na garganta. Às vezes, seu lar pode ser formado por pessoas difíceis — um tio, um avô, uma avó ou uma prima, quem sabe. Alguém que fez mal a você, que lhe falou uma palavra de maldição, que não acredita em você, que desmerece as suas conquistas. Eliabe fala: "Com quem deixou aquelas poucas ovelhas no deserto?". Talvez você tenha alguém desse jeito próximo a você ou talvez você seja assim. Ninguém é ruim de graça.

PESSOAS FERIDAS FEREM PESSOAS

Jesus disse: "Quem beber da água que eu lhe der nunca mais terá sede. Ao contrário, a água que eu lhe der se tornará nele uma fonte de água a jorrar para a vida eterna" (Jo 4.14). A fonte mora dentro de você, mas foi cheia de entulho. A nascente está aí. No dia que você orou a Deus e recebeu Jesus em seu coração como Senhor e Salvador, o Espírito Santo entrou e passou a fazer morada. Mas aquele foi seu primeiro gole. Se bebermos água uma só vez na vida, vamos morrer. E não é diferente com a água espiritual. Beba da água da vida todos os dias e o Senhor será em você uma fonte a jorrar para a vida eterna. Se não fizer isso, corre o risco de refletir dentro da sua casa as mesmas distorções que a afetaram no seu lar

A MULHER AOS OLHOS DA FAMÍLIA   *81*

de origem. Pessoas feridas ferem pessoas e, se não houver cura, são enormes as probabilidades de mulheres prejudicadas na família de origem prejudicarem os que fazem parte da sua nova família — o marido, os filhos, os netos e todos que vierem a se agregar.

Quando não permitimos que o Senhor intervenha e cure o nosso passado, as palavras negativas que foram lançadas por aqueles que mais amamos vão gerar consequências por toda a nossa vida. As imagens distorcidas do espelho deformador, plantadas em nós por anos a fio, vão gerar deformação nas novas gerações. Caso você se veja de maneira deformada, é isso que vai passar adiante para aqueles que hoje vivem ao seu redor. Se você não é curada, é um potencial instrumento de ferida. Você já viu gente que agride de graça? Tem uma ferida lá. Ou pessoas que se ofendem pelo simples fato de ouvirem que precisam de cura. Todos nós precisamos de cura!

> *Pessoas feridas ferem pessoas e, se não houver cura, são enormes as probabilidades de mulheres prejudicadas na família de origem prejudicarem os que fazem parte da sua nova família.*

Tenho certeza de que o Senhor não para de trabalhar. Quero que ele trabalhe mais e mais, até ser o dia perfeito, quando o veremos face a face. Deus está contando conosco, mulheres, como influenciadoras do reino dessa próxima geração corrompida. Mas como seremos uma boa influência se também formos corrompidas? Não podemos nos conformar com este século. Jesus tomou o meu lugar na cruz. Se não estou disposta a pagar o preço por um erro que o outro cometeu e que me afetou, algo está errado com o meu cristianismo. Se tenho a possibilidade de fazer a diferença para o bem, preciso fazer. São coisas aparentemente pequenas e bobas, mas que revelam quão profunda a sujeira emocional foi plantada em nosso coração, durante anos, por pessoas de nosso núcleo familiar original que agiram de forma impensada. Seja diferente. Seja a mulher que Deus quer que você seja. Pare de brigar, de competir, de se ressentir. Perdoe e avance.

Todas nós recebemos influências ao longo de nossa vida, para o bem ou para o mal. Isso é inevitável. Você não tem controle sobre o que o outro vai falar, mas pode controlar o que fará com isso. Quando olhamos para Caim, vemos que o coração dele se encheu de ira e inveja contra Abel. E Deus lhe perguntou: "Por que se transtornou o seu rosto?" (Gn 4.6). Deus não sabia o que tinha ocorrido? Claro que sim, mas estava dando a Caim a oportunidade de entregar seu fardo e falar o que estava sentindo. Se Caim tivesse aberto o coração a Deus, acredito que tudo poderia ter sido diferente. É possível que o Senhor tivesse dito a Caim: "É porque Abel me entregou sua oferta de todo o coração. Ele se dedicou e separou o melhor que tinha. Isso me fez ver quanto ele me ama. Você me trouxe qualquer coisa; isso mostra que não sou tão importante para você". A proposta de Deus era levar Caim a repensar o que estava acontecendo com ele. Aquele homem, mesmo diante das palavras do Senhor, não falou nada, não abriu o coração para a mudança. Quando o Todo-poderoso viu isso, disse: "Saiba que o pecado o ameaça à porta; ele deseja conquistá-lo, mas você deve dominá-lo" (Gn 4.7).

A MULHER AOS OLHOS DA FAMÍLIA　　83

Assim como fez com Caim, Deus sempre nos alerta: "Domine, vigie, acorde". O Senhor quer que você abra o coração, confesse o que sente. Não faça como Caim: derrame-se diante do seu Pai e reflita-se no espelho dele — essa é a única maneira de consertar as imagens distorcidas que o espelho da sua família de origem poder ter plantado em sua alma.

Deus não errou com você nem a esqueceu. Se você crê nisso, saiba que é mentira do Diabo. Se você existe é porque há um propósito divino sobre sua vida, pois o Criador do universo tem um plano que deseja cumprir por seu intermédio. Você se encaixa em algum lugar, mas a sua dor não a deixa descobrir. Busque no Senhor a resposta. Satanás tem mentido para você durante anos, impedindo que você descubra todo o seu potencial, mas a sua felicidade está nos olhos do seu amado. Os olhos de Jesus estão sobre você. Contemple-se no espelho de Deus e você passará a se ver como Deus a vê: filha amada, perdoada e com a eternidade pela frente. Que a mudança comece agora!

Para refletir e viver

1. Você consegue identificar deformações na sua forma de ser hoje que tenham sido provocadas por influência de membros da sua família de origem?

2. Se a resposta foi afirmativa, o que poderia ser feito para reverter esses males?

3. Por mais doloroso que seja reconhecer isso, será que você tem sido, inconscientemente, parceira de Satanás

84 REFLEXOS DA ALMA

na vida de seus filhos, do marido, do pai, da mãe, dos irmãos?

4. Se a resposta foi afirmativa, o que poderia ser feito para refletir mais de Cristo na sua família atual?

5. O que precisa ser mudado para que a sua imagem forme-se no espelho de Deus e não no das más influências que encontra na família?

6. Você consegue identificar problemas que ocorrem em seu lar e que acaba transferindo para seu lar espiritual, a igreja?

7. Se a resposta foi afirmativa, o que poderia ser feito para mudar isso?

8. Você permite que o Senhor intervenha e cure o seu passado?

9. Se a resposta foi negativa, por que não?

10. Você já abriu o coração e confessou o que sente ao Senhor? Já se derramou diante do seu Pai e se refletiu no espelho dele?

11. Se a resposta foi negativa, por que não?

capítulo 3

Os homens aos olhos das mulheres

Devi Titus

Como você enxerga os homens? Quando você pensa na palavra *homem*, o que acontece dentro do seu coração? Quando o espelho da sua alma capta o reflexo de alguém do sexo masculino, como é a imagem dele aos seus olhos: positiva e amorosa ou negativa e rancorosa? Muitas feridas que você carrega na alma podem ter sido provocadas por homens. Se esse é o caso, é possível que hoje tenha sérios problemas com pessoas do sexo oposto, em função de traumas ocorridos no passado. Eu desejo, porém, ajudá-la a ver os homens como Deus os vê e fazer deles os homens que o Senhor quer que sejam, porque o modo como o Criador enxerga cada homem é muito diferente daquele que grande parte das mulheres enxerga. Talvez, a maioria de nós.

Nos Estados Unidos existem livros e poesias que tratam o homem de modo depreciativo. Posso citar, como exemplo, um poema que recitamos para nossos bebês recém-nascidos, chamado *What are little boys made of?* (em uma tradução livre, *De que os menininhos são feitos?*), que diz o seguinte: "De que os menininhos são feitos? De lesmas, caracóis e rabos de cachorrinhos. De que as menininhas são feitas? De açúcar,

86 REFLEXOS DA ALMA

especiarias e tudo o que é agradável". Temos um livro intitulado *Homens são de Marte, mulheres são de Vênus*. São mesmo? Eu não acho. E não para por aí, há mais, como um livro chamado *Um bom homem é difícil de encontrar*. Eu não sei o que você pensa disso, se concorda com essa afirmação, mas eu sou casada com um bom homem. Muitas de vocês têm maridos que são boas pessoas. Só porque existe um punhado de homens feridos por aí não significa que ele não seja um indivíduo bom, pois um menino ferido se torna um homem que fere. Uma estrela de Hollywood disse em uma entrevista que "os homens são como lenços de papel: macios, fortes e descartáveis". Que absurdo! Vemos em programas de televisão o homem ser apresentado como poeira, sujeira. Mas não foi disso que Deus criou o homem. O apóstolo Paulo escreveu: "O homem não deve cobrir a cabeça, visto que ele é imagem e glória de Deus; mas a mulher é glória do homem. Pois o homem não se originou da mulher, mas a mulher do homem; além disso, o homem não foi criado por causa da mulher, mas a mulher por causa do homem" (1Co 11.7-9). Preste muita atenção a esta expressão: "Ele é imagem e glória de Deus". Quando eu olho para um homem, vejo a força, a autoridade e a criatividade de Deus refletidas nele. As mulheres cristãs que compreendem como é o verdadeiro reflexo dos homens no espelho de Deus os apreciam, tornam-se comprometidas com eles, os edificam e reconhecem sua importância. Gênesis relata realidades importantes do gênero masculino.

> Quando o Senhor Deus fez a terra e os céus, ainda não tinha brotado nenhum arbusto no campo, e nenhuma planta havia germinado, porque o Senhor Deus ainda não tinha feito chover

OS HOMENS AOS OLHOS DAS MULHERES   87

sobre a terra, e também não havia homem para cultivar o solo. Todavia brotava água da terra e irrigava toda a superfície do solo. Então o Senhor Deus formou o homem do pó da terra e soprou em suas narinas o fôlego de vida, e o homem se tornou um ser vivente.

Gênesis 2.4-7

O que eu desejo enfatizar nessa passagem reveladora é o material que Deus usou para fazer o homem. A Bíblia diz que o Criador fez o homem do "pó da terra", ou seja, do solo. Precisamos ir além da palavra *pó*, pois, na maioria das vezes, ela transmite uma imagem errada. Lembre-se de que Deus tinha acabado de criar o jardim do Éden e, naquele ambiente, o que se chama *pó,* em hebraico (a língua original em que Gênesis foi escrito), refere-se a um tipo de solo enriquecido. Estamos falando de um material macio e rico.

> *O modo como o Criador enxerga cada homem é muito diferente daquele que grande parte das mulheres enxerga.*

No ato da formação do homem, Deus tomou esse solo, repleto de nutrientes, e soprou o fôlego de vida nas narinas daquela massa disforme que viria a se tornar Adão. Se você pensar nisso, é como o processo de respiração: ao inspirar, o ar percorre nossas vias respiratórias, alcança o pulmão e, lá, entra na corrente sanguínea, que o distribui por todo o corpo. O fôlego de Deus se tornou o sangue do primeiro ser humano. Logo, a primeira aliança que o Senhor fez com o homem, ao lhe dar vida, foi um pacto de sangue. Porque, naquilo que o Criador sopra, o sangue de Adão começa a circular. É por isso que Gênesis 9.4 e Levítico 17.11 afirmam que o sangue é vida, ou seja, que a vida está no sangue.

Deus tomou o solo, aquela substância macia, e dela formou o homem, um ser forte. Mas, quando criou a mulher, o Senhor fez justamente o contrário: pegou um osso, um tecido rígido e forte, e dele construiu a mulher como um ser macio. Talvez seja por isso que os homens, feitos fortes a partir do macio, amam tocar e apertar o macio; e nós, mulheres macias, feitas do forte, amamos tocar o que é forte. Isso não é uma mera curiosidade, mas mostra uma profunda realidade espiritual: Deus nos criou para um tipo perfeito de companheirismo, em que amamos aquilo que é diferente do que somos. Essa foi a ideia de Deus, mas nós elaboramos um conceito diferente. Muitas vezes, pensamos que o homem foi criado do pó — algo sujo, incômodo, que gera poeira. Mas não foi isso o que Deus fez: ele formou o homem de um material excelente, rico e cheio de potencial nutritivo.

O Todo-poderoso formou o homem a partir de um tipo de chão que continha todos os nutrientes para a vida, pois a vida cresce a partir do solo enriquecido. É dele que nossa comida nasce e que as maiores e mais fortes árvores brotam. Também é, metaforicamente, do solo "masculino" que a alma humana cresce, pois os psicólogos dizem que, se você teve um pai ausente ou abusivo, provavelmente, tem uma ferida emocional na sua alma. Deus criou o homem para ser aquele que nutre, mas, ainda assim, dizemos às mulheres que nós é que nutrimos. Porém, não dizemos aos homens quão importantes eles são para nutrir a nossa alma!

Deus nos criou para um tipo perfeito de companheirismo, em que amamos aquilo que é diferente do que somos. Essa foi a ideia de Deus, mas nós elaboramos um conceito diferente.

É muito importante que conheçamos o poder, a confiança, a autoridade e a estabilidade que Deus confiou aos homens. Porque, quando o Senhor pegou o solo e formou o sexo masculino, ele criou a estabilidade. Ao tirar dele um osso e formar a mulher, ele criou uma doadora de vida. Juntos, Deus criou a estabilidade para a vida.

No espelho de Deus, vemos homens refletidos como seres magníficos, que dão vida e que têm muito a oferecer!

VOCÊ PODE CONSTRUIR UM ÓTIMO MARIDO

Em 21 de fevereiro de 1964, eu e meu marido caminhamos pelo corredor da igreja e nos comprometemos um com o outro para toda a vida. Você sabe por que meu marido é um ótimo homem? Porque eu o fiz ótimo. Você acha que estou sendo ousada ao afirmar isso? Então veja o que diz Provérbios 12.4: "A mulher exemplar é a coroa do seu marido, mas a de comportamento vergonhoso é como câncer em seus ossos". Esse texto diz que uma mulher pode ser uma coroa para a cabeça do seu marido ou podridão para os ossos dele. Você quer ser símbolo de realeza ou de decrepitude?

A Palavra de Deus diz que temos o poder de escolha sobre aquilo que seremos na vida de nosso esposo. Se você chegar até mim e compartilhar suas histórias, contar como seu marido é terrível e denunciar a vida dupla que ele viveu até hoje,

90   REFLEXOS DA ALMA

eu vou lhe perguntar não sobre ele, mas sobre você. Porque a Bíblia diz que um bom homem vai fugir para o deserto se ele mora em uma casa com uma mulher que inferniza sua vida: "Melhor é viver no deserto do que com uma mulher briguenta e amargurada" (Pv 21.19).

Se um homem compartilha o dia a dia com uma mulher que só faz brigar e que fica argumentando com ele constantemente, tentando provar o tempo todo que está certa, a Palavra de Deus diz que um bom marido vai sair do seu quarto e se recolher a algum outro lugar da casa. "Melhor é viver num canto sob o telhado do que repartir a casa com uma mulher briguenta" (Pv 21.9). Se toda vez que ele chega em casa você o abate, discute, tenta provar que é você quem tem razão e que ele está errado, é isto que vai colher: distanciamento.

> *A Palavra de Deus diz que temos o poder de escolha sobre aquilo que seremos na vida de nosso esposo.*

O amor edifica. A palavra *edificar* significa "erguer uma grande construção". A raiz para *edificar* é *construir, levantar*. Deixe-me explicar como é o processo de construir, de edificar o seu marido, para que ele seja um grande homem, totalmente pleno, aquele que Deus o criou para ser. Para isso, preciso, antes, explicar como funciona a dinâmica de nutrição do solo. Há três elementos presentes em um chão bem adubado que são fundamentais para o processo de nutrição: nitrogênio, fósforo e potássio. O nitrogênio é fonte de energia natural. A presença de um homem cria energia naturalmente, é algo que vem das profundezas do solo.

O solo também tem fósforo, que promove o crescimento das raízes. Sempre que Jesus fala acerca de raízes, ele está se referindo a caráter. Quando o Mestre explicou a parábola do semeador, disse: "Quanto à semente que caiu em terreno pedregoso, esse é o caso daquele que ouve a palavra e logo a recebe com alegria. Todavia, visto que não tem raiz em si mesmo, permanece pouco tempo" (Mt 13.20-21). Se você ouve a pregação da Palavra, mas o seu coração está endurecido, só vai se lembrar de um pouco daquilo que foi ministrado. Logo, vai crescer somente um pouco, não vai mudar muito. A transformação que ocorrerá será limitada. Ao proferir aquela parábola, Jesus estava ensinando que, se surge alguma tribulação ou perseguição, aquele pequeno crescimento é insuficiente e fará a semente ser arrancada, pois ela não criou raiz. Toda vez que você ler sobre raízes na Bíblia, o texto se refere a caráter, e não a espiritualidade. É por isso que, quando você tem um filho, primeiro ajuda a formar seu caráter, para que, quando ele aprender sobre espiritualidade e sobre as Escrituras no futuro, torne-se um solo rico — ou seja, tenha estabilidade e crescimento. O mesmo acontece com o homem de nossa vida. Sempre que respondemos a ele com respeito e honra — entendendo como e por que Deus o criou e quão importante ele é para nós —, nosso marido, por meio de Jesus, nos constrói em caráter e no crescimento profundo de nossa raiz. É um conceito poderoso!

No solo também existe potássio, que é o nutriente essencial para que as plantas cresçam. É assim na sociedade, no casamento, em nossa vida particular. Seja você solteira ou casada, o entendimento apropriado acerca do sexo masculino, uma visão correta do homem e uma apreciação verdadeira sobre quem Deus criou o homem para ser farão com que você seja enriquecida para vencer como mulher.

Na sociedade de nossos tempos, temos visto um ataque demoníaco explícito contra o papel que Deus estabeleceu para o sexo masculino. Há mais homens desistindo dos cursos universitários do que mulheres. Lutamos a favor dos direitos das mulheres, mas ninguém advoga pelo direito dos homens. Nos Estados Unidos, temos leis trágicas que normatizam a prática do aborto; uma mulher pode escolher matar o filho de um homem sem autorização dele. Seja ele filho do marido ou, até mesmo, do amante, esse homem não tem direito de impedir a mãe de assassinar o bebê. Isso é resultado de uma estratégia diabólica, porque Satanás quer degradar a figura masculina, reduzir sua importância e autoridade. Se o homem acreditar que não é bom para nada, a única maneira de mudar isso é se mulheres de Deus assumirem a responsabilidade de ver os homens como o espelho de Deus os mostra e começarem a restaurá-los e edificá-los.

Como fazemos isso? Como você pode edificar o seu homem? Se olhamos para nosso marido e o vemos como Deus o vê, vamos nos lembrar de quando Jesus olhou para Pedro e o chamou de "rocha" (Mt 16.13-20). É interessante essa afirmação, pois aquele apóstolo ainda não era uma rocha, ele era um fracasso! Mas Jesus olhou para ele e disse: "Pedro, você é um sucesso!". Mulheres, olhem para seus maridos e digam: "Você é um homem bem-sucedido!". Quando Jesus olha para nós, ele não nos vê como um fracasso, mas como a pessoa que nos tornaremos. E nós, como mulheres, precisamos dizer aos homens quão importantes e valiosos eles são, proclamar-lhes quem eles se tornarão e chamá-los por esse nome. Temos de levantar o moral deles, não achatá-los!

PALAVRAS EDIFICAM OU DESTROEM

Muitas vezes, dizemos palavras negativas ao nosso marido. Meu esposo, quando jovem, lutou contra a depressão. Esse mal, que afeta milhões de pessoas em todo o mundo, é um medo internalizado de fracassar. Pode ser ira internalizada. Claro que não estamos falando de depressão patológica, aquela provocada por fatores orgânicos, deficiências na produção de substâncias no cérebro. Essa é uma doença e deve ser tratada com medicamentos. Estou me referindo ao processo depressivo desencadeado por fatores ambientais e que, por isso, é de fundo emocional. Quando detectei que meu marido estava naquela situação, comecei a lhe dizer como ele era maravilhoso, quão importante era para mim, independente do que tinha acontecido em nossa vida. Eu lhe afirmava: "Você pode ter medo do que os outros dizem, mas nunca deve ter medo do que eu digo".

Os homens são muito interessantes. O rei Davi afirmou que "os nossos filhos serão como plantas viçosas" (Sl 144.12). No mesmo versículo, diz "e as nossas filhas, como colunas esculpidas para ornar um palácio". Satanás tem uma tática que consiste em trocar, inverter, essas identidades. Nunca dizemos aos nossos homens quem eles são, nunca entendemos como são sensíveis como um solo. Sabia que os homens são mais sensíveis que as mulheres? Nós suportamos mais coisas, somos multitarefa, aguentamos mais pressão do que as pessoas do sexo masculino. Fomos postas por Deus na vida dos homens para construirmos, edificarmos. E o Senhor pôs um

94 REFLEXOS DA ALMA

homem na sua vida para estabilizá-la. É maravilhoso. Chame seu marido por aquilo que ele se tornará, não pelo que ele é — pois, no espelho de Deus, a imagem deles não é a de fracassados, mas de indivíduos muito bem-sucedidos.

Não tente mudar seu marido. Prepare a moldura, pois você está construindo uma estrutura. Não julgue o coração do seu esposo. Veja o que Paulo escreveu sobre a ação do Espírito Santo:

> O Espírito sonda todas as coisas, até mesmo as coisas mais profundas de Deus. Pois, quem conhece os pensamentos do homem, a não ser o espírito do homem que nele está? Da mesma forma, ninguém conhece os pensamentos de Deus, a não ser o Espírito de Deus. Nós, porém, não recebemos o espírito do mundo, mas o Espírito procedente de Deus, para que entendamos as coisas que Deus nos tem dado gratuitamente. Delas também falamos, não com palavras ensinadas pela sabedoria humana, mas com palavras ensinadas pelo Espírito, interpretando verdades espirituais para os que são espirituais. Quem não tem o Espírito não aceita as coisas que vêm do Espírito de Deus, pois lhe são loucura; e não é capaz de entendê-las, porque elas são discernidas espiritualmente. Mas quem é espiritual discerne todas as coisas, e ele mesmo por ninguém é discernido; pois "quem conheceu a mente do Senhor para que possa instruí-lo?"
>
> 1Coríntios 2.10-16

O Espírito sabe todas as coisas, só ele "conhece os pensamentos do homem". Minha responsabilidade não é escutar o coração do meu marido, mas apenas confiar. Se eu oro por meu esposo, devo crer que o Espírito Santo irá sondar

OS HOMENS AOS OLHOS DAS MULHERES

seu coração e, então, o convencerá. Você não foi criada para desempenhar o papel do Espírito de Deus e, assim, desafiar seu marido, confrontá-lo. Tampouco deve tentar transformá-lo. Você foi chamada, isso sim, para edificá-lo, encorajá-lo. Quando fizer isso, o Espírito onisciente sondará o coração dele e aquilo que não estiver certo será problema de Deus.

Não fique comparando seu marido com outros homens, pois isso não faz o menor sentido. Repare que essa atitude é como a de uma mulher que decidiu construir uma nova casa, contratou um arquiteto para projetar as plantas, investiu para que cada tijolo fosse posto no lugar e o acabamento ficasse primoroso, com os melhores materiais disponíveis. Quando a casa está quase pronta, ela olha para o outro lado da rua, para outra residência, construída com outro estilo, e diz que não quer mais aquela a que dedicou tanta atenção e em que investiu tanto. Não podemos mudar o que temos, porque, para mudar, gastaríamos muito dinheiro, nos custaria muito caro. E isso levaria a família daquela mulher à falência.

> *Você não foi criada para desempenhar o papel do Espírito de Deus e, assim, desafiar seu marido, confrontá-lo. Tampouco deve tentar transformá-lo. Você foi chamada, isso sim, para edificá-lo, encorajá-lo.*

Quando se edifica uma pessoa, a estrutura de sustentação da construção é formada com suas palavras, e a maneira de mudá-las é transformando a maneira como você pensa,

96   REFLEXOS DA ALMA

porque os seus pensamentos se tornam palavras. O processo é assim: os pensamentos se tornam palavras, que se tornam atitudes. Essas, por sua vez, viram hábitos, que se tornam caráter. E o caráter vai determinar o seu destino. Assim, para mudar meu destino, devo começar mudando minha forma de pensar acerca dos homens.

Se você é uma mulher solteira e sente dificuldade de conversar com um homem, pois fica desconfortável ou envergonhada, há uma possibilidade de que tenha pensamentos não muito saudáveis acerca do sexo masculino. Agradeço a Deus pela força dos homens, por eles construírem prédios e pontes, por mudarem as leis e permitirem que as mulheres também tenham seus direitos. Acredito que Deus está cumprindo seus propósitos pela ministração a mulheres e homens, conduzindo a humanidade a um ponto em que as novas gerações apreciem os gêneros. Estamos vivendo em uma geração onde os corpos femininos são explorados — e as próprias mulheres têm responsabilidade sobre isso, pois não estaríamos na capa de revistas pornográficas se nos recusássemos a posar nuas. Não podemos pôr a culpa sempre nos homens, devemos assumir a nossa responsabilidade. Paulo escreveu:

> Mulheres, sujeite-se cada uma a seu marido, como ao Senhor, pois o marido é o cabeça da mulher, como também Cristo é o cabeça da igreja, que é o seu corpo, do qual ele é o Salvador. Assim como a igreja está sujeita a Cristo, também as mulheres estejam em tudo sujeitas a seus maridos. Maridos, ame cada um a sua mulher, assim como Cristo amou a igreja e entregou-se por ela para santificá-la, tendo-a purificado pelo lavar da água mediante a palavra, e para apresentá-la a si mesmo como igreja gloriosa,

OS HOMENS AOS OLHOS DAS MULHERES 97

sem mancha nem ruga ou coisa semelhante, mas santa e inculpável. Da mesma forma, os maridos devem amar cada um a sua mulher como a seu próprio corpo. Quem ama sua mulher, ama a si mesmo. Além do mais, ninguém jamais odiou o seu próprio corpo, antes o alimenta e dele cuida, como também Cristo faz com a igreja, pois somos membros do seu corpo. "Por essa razão, o homem deixará pai e mãe e se unirá à sua mulher, e os dois se tornarão uma só carne." Este é um mistério profundo; refiro-me, porém, a Cristo e à igreja. Portanto, cada um de vocês também ame a sua mulher como a si mesmo, e a mulher trate o marido com todo o respeito.

Efésios 5.22-33

A Bíblia é clara: nós, esposas, temos de respeitar e reverenciar nossos maridos. E um marido deve nos amar como Cristo ama a Igreja. Isso é recíproco. O Criador confiou ao homem o poder e a habilidade de nos amar de uma maneira que você e eu não conseguimos fazer. É por isso que o Diabo tem atacado o homem, porque a verdade é que o amor de um homem, se exercido da mesma maneira que o de Cristo, tem o poder de curar uma mulher. Esse amor, fruto daquilo que podemos ver no espelho de Deus, tem o poder de redimir, libertar e restaurar você. Deus confiou ao homem aquilo que Cristo é para você. Então, da mesma maneira que a Igreja responde a Jesus, nós respondemos a Cristo em submissão, reverência, respeito. Não devemos chegar diante da face do Senhor e peitá-lo, dizendo coisas como: "Por que o Senhor permitiu isso? Por que o Senhor não interveio? Não viu que eu estava sofrendo? Orei e orei e o Senhor não fez nada". Se não devemos falar assim com Jesus — nem como Igreja,

98   REFLEXOS DA ALMA

como noiva — por que o faríamos com nosso esposo? Temos de responder ao amor do nosso marido. Creio que Deus está mudando uma geração e nós veremos o levantar da apreciação dos gêneros.

Precisamos olhar para nosso homem não como nossos olhos o veem, mas como seu reflexo está no espelho de Deus. Temos de dizer a nosso esposo quem ele se tornará. Precisamos edificá-lo, oferecer palavras de encorajamento, de bênção, de confiança. Comece a proclamar desde já que maravilha é o seu marido, mesmo que ele ainda não seja tão maravilhoso assim — pois o Senhor não o vê como as pessoas veem, mas como o seu divino coração o criou para ser.

Para refletir e viver

1. Como você enxerga os homens: de maneira positiva e amorosa ou negativa e rancorosa? Descreva o que acontece em seu coração quando o espelho de sua alma capta o reflexo de alguém do sexo masculino.

2. Você carrega na alma feridas provocadas por homens e que a façam ter hoje problemas com pessoas do sexo oposto?

3. Se a resposta foi afirmativa, o que poderia ser feito para sanar esse mal?

4. De que maneira saber que o Todo-poderoso formou o homem a partir de um tipo de chão que continha todos os nutrientes para a vida afeta a forma como você vê o sexo masculino?

OS HOMENS AOS OLHOS DAS MULHERES   *99*

5. A partir do que você leu neste capítulo, o que pode fazer, na prática, para ajudar a fazer de seu marido um homem cada vez melhor?

6. Pelo que aprendeu de Provérbios 12.4, você diria que tem sido uma coroa para a cabeça do seu marido ou podridão para os ossos dele? Se detectou que deve mudar suas atitudes em alguma área, o que pretende fazer quanto a isso?

7. Como você acha que Deus enxerga seu marido? De que modo essa percepção deve afetar a forma como você o vê?

8. Você vive tentando mudar seu marido? Se a resposta for afirmativa, será que seus esforços têm dado resultado? Por quê?

9. O que você tem feito para edificar seu marido?

10. Você diz diariamente ao seu marido palavras de encorajamento, de bênção, de confiança? Se a resposta foi negativa, o que está esperando?

capítulo 4

A mulher aos olhos dos filhos

Devi Titus

Você e seu marido são as principais influências que seus filhos terão em todo o processo de formação de caráter, personalidade e espiritualidade. A sua vida é o principal espelho para que eles olham em busca de referências e, dependendo do exemplo que vocês dão, isso vai gerar impactos diferentes sobre a vida de cada um dos seus descendentes. O que suas crianças veem quando olham para você? Será que suas ações, palavras, atitudes, experiências e tudo o mais geram um impacto positivo ou negativo sobre eles? Estamos enfrentando em nossos dias uma crise grave em nossa sociedade, que afeta diretamente nossos filhos. A cultura deste século tenta sequestrar corações e mentes, e nossos filhos são os alvos principais — portanto, eles correm um sério perigo. Não podemos assistir aos ataques do mundo e ficar impassíveis. Se a sociedade secular — e não nós — for o espelho escolhido pelas crianças como exemplo da imagem que desejam refletir, perdemos a batalha. Isso simplesmente não pode acontecer! Os filhos são ideia de Deus e precisamos fazer de tudo para que eles aprendam a amá-lo e servi-lo. Devemos lutar para que sigam no caminho do evangelho por toda a vida.

102 REFLEXOS DA ALMA

O Diabo tem estratégias muito claras no que se refere ao uso da cultura para tentar atrair nossos filhos. Há muitas justificativas para que se comportem de maneira equivocada, a partir do que o mundo propõe, o que torna fácil inventar desculpas para atitudes erradas, mascarando-as como uma expressão da cultura. Por exemplo, eu estava negociando um contrato aqui no Brasil e o presidente da companhia com quem eu conversava disse: "Temos de fazer dessa forma, porque, com os brasileiros, é assim que funciona". Mas Deus não muda seus princípios de acordo com o país onde você está. Os princípios divinos são imutáveis, seja no Brasil, nos Estados Unidos, na África ou na Europa. O espelho de Deus tem sempre o mesmo reflexo e nele a imagem é de honestidade, ética e santidade, entre outros atributos. Os princípios divinos não são definidos pela cultura. Não podemos usar o que acontece ao nosso redor como desculpa para sairmos do caminho do evangelho. O que acontece ao nosso redor não justifica comportamentos antibíblicos sob a máscara da cultura. Tudo o que sai dos padrões bíblicos tem a finalidade de subverter a vontade de Deus.

> *Se a sociedade secular — e não nós — for o espelho escolhido pelas crianças como exemplo da imagem que desejam refletir, perdemos a batalha.*

O Senhor nos chama de volta para um modelo de vida que segue o modelo que ele planejou desde antes da fundação do mundo. Eu chamo isso de *prumo* (o prumo é um instrumento utilizado em construções para verificar se uma superfície está com a inclinação correta). Os caminhos de Deus são retos, estreitos, equilibrados, sem distorções. Jesus disse: "Entrem pela porta estreita, pois larga é a porta e amplo o caminho que leva à perdição, e são muitos os que entram por ela. Como é estreita a porta, e apertado o caminho que leva à vida! São poucos os que a encontram" (Mt 7.13-14). O Mestre afirmou que poucos encontram o caminho porque é fácil se corromper. Mas nós, que temos a mente de Cristo, não podemos ser corrompidos. O prumo de Deus alinha tudo em nossa vida e, então, vivemos, no poder de seu amor, a abundância, a alegria e a paz.

O lar é a instituição onde o coração humano é forjado. Nós, mulheres, temos uma enorme responsabilidade no que se refere à criação e à educação dos filhos, pois a cultura está fazendo de tudo para sequestrar nossas crianças. Temos de ser espelhos exemplares, nos quais elas possam se refletir, para que não desejem se espelhar em fontes onde só encontrarão imagens distorcidas.

Deixe-me dar alguns exemplos de como a cultura da sociedade do século 21 tem empurrado ideias e valores deformados para cima de nós e de nossos filhos. Uma revista brasileira publicou uma reportagem de capa cuja manchete trazia escrito: *Filhos? Não, obrigada.* Essa revista tem uma agenda por trás, com propósitos elaborados por espíritos malignos. Isso faz parte de um plano demoníaco, satânico, de começar a nos levar a crer que não ter filhos é uma virtude. Nos Estados Unidos, a revista *Time* publicou uma reportagem intitulada *A vida livre de filhos — Quando ter tudo significa não ter filhos.* Isso é maligno. E esse mal está atacando as mulheres e conseguindo influenciar as convicções e decisões de milhares de pessoas. Essa ideia

104 REFLEXOS DA ALMA

de que há lucro em não gerar filhos é uma mentira diabólica, porque a Palavra de Deus diz: "Os filhos são herança do SENHOR, uma recompensa que ele dá. Como flechas nas mãos do guerreiro são os filhos nascidos na juventude. Como é feliz o homem que tem a sua aljava cheia deles!" (Sl 127.3-5).

> *O lar é a instituição onde o coração humano é forjado. Nós, mulheres, temos uma enorme responsabilidade no que se refere à criação e à educação dos filhos, pois a cultura está fazendo de tudo para sequestrar nossas crianças.*

O Instituto Brasileiro de Geografia e Estatística (IBGE) revelou que, pela primeira vez na história, mais da metade da população brasileira trabalha. Essa é uma grande conquista da nação. Mais empregos mostram que há mais mulheres capacitadas. O aumento do nível de educação entre homens e mulheres alcançou um aumento de 4% na qualificação da população. O levantamento mostrou, também, que os empregados mais qualificados melhoraram seu nível de educação três vezes mais. E, nos últimos anos, foram justamente as mulheres que ocuparam três vezes mais vagas de emprego que os homens.

Se, por um lado, o sexo feminino floresceu nesse aspecto, por outro, essa realidade fez surgir um problema. O relatório do IBGE indicou uma queda no número de filhos para cada mulher brasileira. E por que isso acontece? Esse fenômeno é resultado do fato de as mulheres estarem devotando mais tempo ao trabalho, à carreira, do que ao lar. Em 2010, o número de divórcios alcançou cinco milhões de famílias

A MULHER AOS OLHOS DOS FILHOS   105

brasileiras. Desse número, 70% dos processos de separação foram iniciados por solicitação das esposas. Ou seja, na medida em que as brasileiras crescem profissionalmente, suas famílias sofrem perdas nas mesmas proporções. Mas, quando as mulheres se tornam exemplares e vivem segundo o prumo que Deus criou, seu marido, os filhos, os parentes e os amigos são todos abençoados. Vamos ler o que a Bíblia diz sobre a mulher exemplar — ou, em outra tradução, mulher virtuosa:

Uma esposa exemplar; feliz quem a encontrar! É muito mais valiosa que os rubis. Seu marido tem plena confiança nela e nunca lhe falta coisa alguma. Ela só lhe faz o bem, e nunca o mal, todos os dias da sua vida. Escolhe a lã e o linho e com prazer trabalha com as mãos. Como os navios mercantes, ela traz de longe as suas provisões. Antes de clarear o dia ela se levanta, prepara comida para todos os de casa, e dá tarefas às suas servas. Ela avalia um campo e o compra; com o que ganha planta uma vinha. Entrega-se com vontade ao seu trabalho; seus braços são fortes e vigorosos. Administra bem o seu comércio lucrativo, e a sua lâmpada fica acesa durante a noite. Nas mãos segura o fuso e com os dedos pega a roca. Acolhe os necessitados e estende as mãos aos pobres. Não teme por seus familiares quando chega a neve, pois todos eles vestem agasalhos. Faz cobertas para a sua cama; veste-se de linho fino e de púrpura. Seu marido é respeitado na porta da cidade, onde toma assento entre as autoridades da sua terra. Ela faz vestes de linho e as vende, e fornece cintos aos comerciantes. Reveste-se de força e dignidade; sorri diante do futuro. Fala com sabedoria e ensina com amor. Cuida dos negócios de sua casa e não dá lugar à preguiça. Seus filhos se levantam e a elogiam; seu marido também a elogia, dizendo: "Muitas

106 REFLEXOS DA ALMA

mulheres são exemplares, mas você a todas supera". A beleza é enganosa, e a formosura é passageira; mas a mulher que teme o Senhor será elogiada. Que ela receba a recompensa merecida, e as suas obras sejam elogiadas à porta da cidade.

Provérbios 31.10-31

Essa conhecida e importantíssima passagem da Bíblia diz que o marido da mulher exemplar será conhecido e respeitado na porta da cidade. Em outras palavras, ele será honrado e respeitado pelas pessoas por causa de sua esposa. Provérbios 31 também diz que seus filhos se levantam e a elogiam. Que espelho magnífico essa mulher é para sua família! Em especial, para os filhos!

> *Quando as mulheres se tornam exemplares e vivem segundo o prumo que Deus criou, seu marido, os filhos, os parentes e os amigos são todos abençoados.*

É claro que nós, mulheres, podemos trabalhar e, ainda assim, sermos virtuosas no lar. As virtudes dentro de nossa casa não desaparecem se formos capacitadas profissionalmente. Por exemplo, minha mãe, que chegou aos 90 anos, sempre foi uma mulher trabalhadora. Ela era uma executiva dos Correios. Eu cresci com uma mãe que trabalhava fora, mas sempre fui uma menina segura, amada, aceita e cheia de valores bem determinados. O fato de você trabalhar não é o cerne da questão. O problema é o que as estatísticas mostram: as mulheres estão trocando o lar pelo trabalho. A família pela vida profissional. Os filhos pela carreira.

A MULHER AOS OLHOS DOS FILHOS   *107*

Em vez de perceber o valor do lar, as mulheres estão valorizando mais as empresas em que trabalham. Meu desejo é ajudar você a olhar para o espelho de Deus, ver a imagem que ele tem para a mulher exemplar e elevar o seu entendimento a um patamar elevado — para, assim, alcançar a estatura de varoa perfeita e manter-se como um espelho para quem os filhos sempre olharão em busca de uma referência para quem devem ser.

Sua primeira responsabilidade diante de Deus é para com seu marido; em seguida, seus filhos. Sei que há mulheres solteiras e que, por isso, não têm filhos. Também sei que há mulheres mais velhas, como eu, cujos filhos já estão crescidos e não moram mais na mesma casa. Talvez você tenha ou não netos. Mas para todas elas é importante denunciar os princípios que estão sendo depreciados pela cultura. Como mulheres de Deus, nós não podemos — e não vamos — defraudar o princípio divino.

O salmo 23 tem um texto que não costuma ser utilizado em pregações que tratam da questão da maternidade. Essa, porém, é uma das passagens bíblicas mais fantásticas sobre maternidade e paternidade. Vamos ler:

O Senhor é o meu pastor; de nada terei falta. Em verdes pastagens me faz repousar e me conduz a águas tranquilas; restaura-me o vigor. Guia-me nas veredas da justiça por amor do seu nome. Mesmo quando eu andar por um vale de trevas e morte, não temerei perigo algum, pois tu estás comigo; a tua vara e o teu cajado me protegem. Preparas um banquete para mim à vista dos meus inimigos. Tu me honras, ungindo a minha cabeça com óleo e fazendo transbordar o meu cálice. Sei que a bondade

108   REFLEXOS DA ALMA

e a fidelidade me acompanharão todos os dias da minha vida, e voltarei à casa do SENHOR enquanto eu viver.

Salmos 23

Observe a conclusão do salmo, escrito pelo rei Davi: "Sei que a bondade e a fidelidade me acompanharão todos os dias da minha vida, e voltarei à casa do SENHOR enquanto eu viver". Duas coisas aconteceram na vida de Davi como resultado do relacionamento dele com seu pastor celestial: bondade e fidelidade. Essas virtudes foram desenvolvidas no caráter de Davi e ele habitou na casa do Senhor para sempre. Quando você educa seus filhos — ou mesmo quando seus netos crescerem — o que você realmente deseja para eles? É seu desejo que se tornem pessoas boas, capazes e cheias de fidelidade, certamente. Também acredito que você anseia que eles escolham habitar na casa do Senhor para sempre. É natural desejar isso para sua família.

> *Sua primeira responsabilidade diante de Deus é para com seu marido; em seguida, seus filhos.*

Esse texto nos mostra, então, quatro princípios existenciais que, nas mães, precisam funcionar continuamente em sintonia uns com os outros. Se você pensar em uma bicicleta, uma moto ou um automóvel, vai reparar que todo veículo, para funcionar corretamente, precisa que as rodas trabalhem ao mesmo tempo, em sincronia. No caso de uma família, podemos aplicar isso aos importantes atributos mencionados por Davi.

ELE ME FAZ — TREINAMENTO PELA DISCIPLINA

O salmo 23 diz que "o Senhor [...] me faz...". Repare: Davi mostra que existe uma ação que parte do Senhor e que impõe um comportamento a ele. Isso se refere a disciplina, o primeiro atributo. Quando você molda o coração de um filho, faz isso para que, quando ele for responsável por seus próprios atos, tenha um coração bom, capaz e misericordioso. Em outras palavras, você está moldando o caráter dele.

Muitas famílias são boas, mesmo que seus integrantes não sejam cristãos, porque educam e criam bons filhos. Talvez não tenham a vida eterna, mas seus filhos são honestos, trabalhadores, generosos e se importam com o próximo. Isso acontece porque na família havia disciplina. No cristianismo, muitas vezes ocorre que, quando vamos lidar com a verdadeira disciplina, falsamente começamos a pensar: "Deus vai dar conta disso". Mas há princípios que o Senhor estabeleceu para vivenciarmos, como indivíduos responsáveis por administrar a vida na terra. Ele nos capacitou para tomar essas atitudes. A disciplina é algo muito importante na formação do coração humano.

Observe que não estou falando apenas de punição ou correção, ao contrário do que muitos possam imaginar quando se deparam com o conceito de disciplina. Para ser disciplinado, você tem de aprender a respeitar limites, porque uma vida disciplinada tem ordem e estrutura. Quando você vive de maneira ordeira e estruturada, encontrará valores, aceitação e segurança. Ficar conjecturando acerca de possibilidades, do que pode ou não acontecer em determinada situação, faz com que as pessoas se sintam inseguras. O ser humano precisa, por natureza, de um chão sólido e estável. As

110   REFLEXOS DA ALMA

crianças não ficam pensando, por exemplo, se terão algo para comer no jantar ou se elas mesmas terão de fazer, porque têm o conceito firme em sua mente de que a mamãe vai providenciar o alimento; é algo certo e seguro para elas.

Disciplina inclui dar aos seus filhos responsabilidades. Uma realidade que descobri é que muitas brasileiras estão acostumadas a ter uma ajudante até para arrumar a própria cama de manhã — seja uma empregada doméstica ou outra profissional da área. Seus filhos trocam de roupa e a jogam em cima da cadeira porque sabem que no outro dia aquela pessoa irá arrumar. Você pode pagar para ter essa ajuda, mas pense o que se passa na cabeça da sua auxiliar. Ela entra na sua casa todos os dias e pensa: "Que meninos preguiçosos!".

Eu tenho certeza de que, na casa dessa mulher, as roupas dos filhos não estão espalhadas, pois eles devem organizar as próprias vestimentas. Muitas vezes, as pessoas que têm menos condições financeiras desenvolvem um caráter mais forte do que aquelas com uma situação mais favorável economicamente. É por essa razão que há sociólogos que afirmam: a prosperidade vai acabar nas próximas gerações.

Eu cresci em um lar muito simples e nós aprendemos a trabalhar duro. Em certa ocasião recente, eu e meu irmão celebrávamos o aniversário de nossa mãe. Assim que cheguei, ela veio ao meu encontro e disse: "Filha, acho que sua roupa ficaria melhor se você desabotoasse essa jaqueta".

Repare o cuidado e a transmissão de disciplina, ainda que eu não fosse mais uma criança. Isso mostra que minha mãe continua sendo um espelho em que posso focar em busca de referenciais.

> *Disciplina inclui dar aos seus
> filhos responsabilidades.*

Minha mãe e meu pai sempre trabalharam muitas horas por dia e, consequentemente, eu e meu irmão também trabalhamos. Nós limpávamos a casa, cortávamos a grama do jardim, tínhamos tarefas e responsabilidades, que contribuíram para nos ensinar a ter disciplina. E perceba algo: prosperidade é bem mais do que dinheiro. Se você não desenvolve a disciplina em seu lar, com limites estabelecidos, mesmo que você venha a ganhar muito dinheiro como resultado do seu trabalho duro para dar a seus filhos uma educação melhor, é muito provável que eles desperdicem esse dinheiro. Como resultado, a sua situação financeira confortável poderá não alcançar as próximas gerações, uma vez que o caráter dos seus filhos não foi desenvolvido, no que se refere a disciplina.

ELE ME CONDUZ — TREINAMENTO PELO EXEMPLO

Lemos ainda, no salmo 23, Davi afirmar que o Pai "me conduz". Davi aprendeu não apenas a fazer o que o pastor falava, mas desenvolveu a prática de observar quem o pastor era. *Conduzir* significa *dar exemplo*. Não adianta achar que você está conduzindo seus filhos pelo caminho da vida de forma positiva se você os instrui com palavras extremamente corretas mas tem atitudes totalmente equivocadas. A máxima "Faça o que eu digo, mas não faça o que eu faço" é um enorme problema para a formação de lares. Atitudes são espelhos muito mais cristalinos aos olhos das crianças que palavras.

112 REFLEXOS DA ALMA

Jesus apontou esse problema nos fariseus e nos sacerdotes que ministravam no templo. Ele os chamava constantemente de hipócritas, porque os acusava de dizer uma coisa, mas viver de um jeito totalmente diferente. Eu tenho a maravilhosa oportunidade de pregar e palestrar em muitos países do mundo e de conhecer pessoas maravilhosas. Uma realidade que reparo por todos os lugares por onde passo, independentemente do país ou da cultura, é que as pessoas mais poderosas são exatamente iguais em casa e na igreja. Nada muda nelas. Têm o mesmo comportamento em todos os lugares. Infelizmente, também tenho a oportunidade de conhecer ministros do evangelho e esposas de ministros cujas famílias estão em crise: seus filhos não respeitam a Deus, a igreja e os próprios pais. Isso ocorre porque aprendem em casa que devem orar, são obrigados a decorar a Palavra de Deus e são ensinados em outras disciplinas espirituais, mas observam que os pais vivem de um modo diferente do que pregam. São pai e mãe que brigam entre si e não há paz naquele lar. Nessas famílias, a mãe fala sobre o marido de maneira depreciativa e o marido acaba se tornando indiferente. Para fugir da mulher rixosa, ele passa todo o tempo na igreja, onde consegue encontrar mais paz do que no próprio lar, e, com isso, acaba abandonando seus filhos. Uma realidade triste e que precisa ser combatida e transformada.

> *Não adianta achar que você está conduzindo seus filhos pelo caminho da vida de forma positiva se você os instrui com palavras extremamente corretas mas tem atitudes totalmente equivocadas.*

A MULHER AOS OLHOS DOS FILHOS   *113*

Conduzir é treinar pelo exemplo. E dar exemplo é ser um espelho sem deformações, em que nossos filhos possam se mirar e buscar formas virtuosas de se comportar. Mulher, você tem uma grande oportunidade. Peço a Deus que, após terminar de ler este livro, você comece a se comportar no seu lar com uma postura diferente naqueles aspectos em que percebe que precisa melhorar. Em vez de pisar em casa e começar a reclamar da vida, brigar com o marido, criticar os filhos, mandar cada um se virar e fazer o próprio prato, deixar para lá o compromisso de estarem todos juntos à mesa e compartilharem a vida, aja como alguém que é conduzido pelo Espírito do Senhor. Davi disse: "me conduz". Diga isso você também. Deixe-se conduzir pela mão de Deus, segundo especificado nas Escrituras. Se você fizer isso, suas ações, sua atitude e seu estado de espírito ao entrar em casa vão transmitir mais para seus filhos do que qualquer palavra que possa dizer.

Se você chegar em casa após um dia exaustivo de trabalho e — em vez de trazer para aqueles que são mais importantes em sua vida todo o estresse do mundo lá fora — trouxer paz, amor, espírito de comunhão e mansidão, não vai precisar falar mais nada. Sua família vai aprender pelo simples fato de se espelhar em você. Se seu comportamento ou seu estado de espírito está sendo um péssimo exemplo, é preciso admitir que algo não vai bem e repensar tudo. Então, quando você chegar ao prumo e começar a conduzir sua família de fato e pelo exemplo, aí sim estará estimulando em cada integrante do seu núcleo familiar o desejo de buscar mais de Deus — a partir do seu exemplo. Se você for um espelho exemplar, cada pessoa de sua família vai desejar buscar ao Senhor por conta própria.

114   REFLEXOS DA ALMA

Davi prossegue em sua explanação no salmo 23: "... voltarei à casa do Senhor enquanto eu viver". Pense nisso. O que exatamente faz uma pessoa desejar habitar na casa do Senhor para sempre? Por que razão seus filhos vão desejar buscar e seguir a Deus? Pela sua vida, mãe (junto com seu marido, naturalmente). Pois o seu exemplo cultiva neles esse desejo. Quando o desejo de conhecer mais do Senhor e crescer em intimidade com ele torna-se presente no coração de suas crianças, ele passa a ser uma força que se desenvolverá por si só, sob o poder do Espírito Santo, e chegará o momento em que o relacionamento de seus filhos com o Pai celestial fluirá por conta própria, a partir da semente que você plantou com seu exemplo.

Sempre que desejamos ou precisamos de algo, partimos em sua busca. Não ficamos paradas, inertes. Em uma de minhas viagens ao Brasil, em uma loja na região dos Jardins, em São Paulo, vi um par de calças roxas que me encantou. Eu desejei aquelas calças assim que pus os olhos nelas na vitrine. Por isso, entrei na loja e as experimentei. Não é fácil encontrar roupas para o meu corpo, mas aquela peça coube perfeitamente. Estava em promoção, com um desconto de 60%. Eu desejei aquelas calças, mas não comprei. Retornei para os Estados Unidos, olhei meu guarda-roupa e percebi que tudo o que havia nele era muito bom. Mas, três semanas depois, viajei da cidade de Palmas para São Paulo, onde meu voo faria uma conexão para meu retorno aos Estados Unidos. Tive de sair bem cedo de Palmas, por isso estava previsto que eu teria um dia inteiro de espera no aeroporto paulistano. A igreja de Palmas foi extremamente generosa comigo e me informou que reservaria um quarto de hotel para que eu pudesse descansar enquanto estivesse ali. Mas eu só conseguia pensar naquelas calças roxas! Perguntei se poderia pegar um táxi, porque o meu desejo me fez partir em busca daquela peça de vestuário.

Isso mostra que, quando você deseja de fato algo, vai fazer todos os arranjos possíveis para conseguir. Vai planejar até conseguir um modo de obter o que deseja. O desejo cultiva a busca. Quando você nutre o desejo de buscar a Deus — por seu exemplo pessoal na vida espiritual — seus filhos veem o resultado em sua vida. Sua dureza se torna doçura; sua ira, autocontrole. Seus filhos vão começar a pensar: "Eu vou fazer o que for preciso para ter um relacionamento com Deus". Nós não instilamos espiritualidade em nossos filhos. É impossível fazer isso. Criar e educar os filhos na igreja sem o exemplo no lar não os tornará cristãos, assim como dormir em uma garagem não fará você se tornar um carro. O desejo precisa ser criado para que seus filhos busquem ser parecidos com Deus, porque ele nos guia.

ELE ME RESTAURA — TREINAMENTO PELA AFIRMAÇÃO

O terceiro princípio é o da restauração. Quando algo precisa ser restaurado, isso significa que foi quebrado, danificado. Eu tive um negócio de decoração de interiores por dez anos e, em certa ocasião, fui contratada por uma família muito rica, que tinha comprado uma grande fazenda. Eles tinham um celeiro muito antigo na propriedade, e me levaram para fazer uma avaliação do local, porque queriam restaurá-lo e transformá-lo em uma casa. Solicitaram a minha opinião, porque aquela estrutura tinha quase duzentos anos. Perguntaram se eu achava que era possível restaurar a construção. Eu respondi: "É possível transformar este celeiro em uma linda casa.

116   REFLEXOS DA ALMA

O problema nas restaurações é ver o que está debaixo do chão. Vamos precisar de alguém que cave o solo e veja o que tem abaixo da superfície. Provavelmente será necessário instalar um novo sistema de sustentação".

Quando seus filhos fracassam — e eles vão fracassar em muitas coisas e numerosas vezes — a nossa responsabilidade não é envergonhá-los, mas restaurá-los. E como fazemos isso? Com palavras de afirmação. Quando você reafirma uma pessoa, está mexendo nos seus alicerces, onde se encontra o medo por causa do fracasso. Uma vez que chega a eles, você a levanta outra vez para uma posição em que acredita em si mesma de novo.

Lembre-se de uma realidade espiritual: Deus restaurou você. Davi diz que "O SENHOR está perto dos que têm o coração quebrantado e salva os de espírito abatido" (Sl 34.18). Deus não a envergonhou, ele a fez santa e inculpável. Ele não a culpa pelas situações que enfrenta, mas mostra a cada uma o caminho mais excelente. Você deve se espelhar nesse exemplo de Deus e fazer o mesmo com os seus filhos. Quando eles fracassarem em um teste ou mesmo na obediência, não devemos abatê-los. Precisamos sustentá-los e ajudá-los a pensar sobre como podem agir diferente da vez seguinte. É preciso ter palavras de afirmação! São elas que restauram o abatido.

> *Quando seus filhos fracassam — e eles vão fracassar em muitas coisas e numerosas vezes — a nossa responsabilidade não é envergonhá-los, mas restaurá-los. E como fazemos isso? Com palavras de afirmação.*

A MULHER AOS OLHOS DOS FILHOS   *117*

Assim, se você criar no seu lar um ambiente de disciplina e exemplo, junto com o uso constante de palavras de afirmação e encorajamento, criará uma atmosfera para todos — marido, filhos e netos — que os levará a crer que há possibilidades viáveis no futuro, muito melhores que seus próprios fracassos.

ELE ME GUIA — TREINAMENTO PELA INSTRUÇÃO
Davi escreveu: "Guia-me nas veredas da justiça por amor do seu nome. Mesmo quando eu andar por um vale de trevas e morte, não temerei perigo algum, pois tu estás comigo" (Sl 23.3-4). Essa passagem nos aponta o quarto princípio: guiar. A afirmação do salmista mostra que o Senhor sempre nos guia, mesmo nos piores momentos da vida. Já falamos que Deus nos conduz, então, qual seria a diferença entre *guiar* e *conduzir*?

Conduzir é treinar pelo exemplo, guiar é treinar pela instrução. Muitas vezes, quando venho ao Brasil, o que escuto das irmãs para quem prego é: "O que você faz conosco é nos instruir". O mesmo ocorre com você. Tenho certeza de que não quer prejudicar seus filhos, mas deseja que eles cresçam com caráter forte e busquem ao Senhor de todo o coração. Sei que você quer um casamento que dure — nenhuma de nós quer o divórcio. Mas, para chegar aonde queremos, se não temos um referencial, se não crescemos em um lar onde havia amor e paz, como poderemos estabelecer em nosso lar esse amor e essa paz que não tivemos no passado?

Observe um detalhe importante: o fato de hoje você, talvez, não viver em um lar harmonioso não quer dizer que você não queira isso, mas que não sabe como fazer isso. Essa é a razão de a instrução ser algo tão importante. Hoje, temos muitas pregações na igreja que tentam explicar o que devemos fazer, mas a verdade é que não sabemos na prática como fazer, como implementar a construção dessa harmonia. Foi por isso que comecei a convidar dez mulheres de cada vez para passar alguns dias em minha casa. Eu lhes dizia: "Venham à minha casa e eu lhes mostrarei como se faz. Vou lhes ensinar, colocá-las para dormir, acordá-las de manhã. Quando estiver no carro com vocês, vou apertar a sua mão". Muitas vezes, só tocar e não dizer nada já é algo que afirma, que encoraja. Não imagine que seus filhos aprenderão qualquer coisa positiva no aspecto familiar e espiritual se você não mostrar como fazer. Você é o espelho! Eles têm de aprender as regras, portanto, você deve instruí-los. Nenhuma de nós gosta de fazer as coisas quando não sabe como pôr em prática. Sempre vamos evitar as situações que nos ponham em dificuldade devido à nossa ignorância acerca do que aquilo envolve. Mas, se aprendemos a fazer algo de modo bem feito, torna-se fácil e prazeroso executar tais ações.

Os filhos são herança do Senhor, uma bênção de Deus. E cabe a você — e a seu marido — criar uma estrutura para que eles desenvolvam um relacionamento com o Senhor, a partir da disciplina, do exemplo, da afirmação e da instrução que vocês vão promover, no poder do Espírito Santo. A sua responsabilidade não é ser amiga dos seus filhos. Deus lhe deu a responsabilidade de moldar essas almas humanas. Se assim fizer, se for um exemplo em que eles possam se espelhar, a bondade e a fidelidade os seguirão, e eles habitarão na casa do Senhor para sempre.

Para refletir e viver

1. O que seus filhos veem quando olham para você?

2. Será que suas ações, palavras, atitudes, experiências e tudo o mais têm gerado um impacto positivo ou negativo sobre seus filhos? Se você percebe áreas em que deveria melhorar, que ações práticas está disposta a executar nesse sentido?

3. Quais são as principais armadilhas que a cultura mundana tem posto no caminho de seus filhos? De que modo você pode combatê-las?

4. Até que ponto você percebe que tem trocado o lar pelo trabalho, a família pela vida profissional e os filhos pela carreira? Que males isso tem causado? O que você pode fazer para mudar esse quadro?

5. De que maneiras você tem contribuído para ensinar seus filhos a ter disciplina? Será que há formas de melhorar?

6. Você tem dado o exemplo daquilo que fala por meio de suas atitudes? Ou será que, por vezes, percebe que orienta seus filhos a fazer algo, mas faz exatamente o contrário? O que você pode fazer para evitar que essa contradição ocorra?

7. Você diria que o seu exemplo pessoal cultiva em seus filhos o desejo de habitar na casa do Senhor para sempre? Se a resposta for negativa, em que poderia mudar?

8. Quando seus filhos fracassam, você os envergonha ou restaura? Se percebe que sua postura ante as falhas de suas crianças não é a ideal, o que pode fazer na prática para mudar?

9. Você tem instruído seus filhos da maneira bíblica? Que fontes de instrução tem buscado para obter mais conteúdo que possa compartilhar com eles?

capítulo 5

A mulher aos olhos de Deus

Devi Titus

Sabe como Deus vê você? Santa. Limpa. Pura. Quando você se olha, enxerga o Espírito Santo que habita em si, mas também vê suas próprias manchas, as falhas, as transgressões, toda a impiedade que há em seu coração. Você se sente culpada, fica abatida por ter tantas fraquezas, por ter fracassado repetidamente e pecado mais do que gostaria. Você entende que Deus a perdoa, mas também sabe que ele a criou para ser santa e inculpável.

> Deus nos escolheu nele antes da criação do mundo, para sermos santos e irrepreensíveis em sua presença. Em amor nos predestinou para sermos adotados como filhos, por meio de Jesus Cristo, conforme o bom propósito da sua vontade, para o louvor da sua gloriosa graça, a qual nos deu gratuitamente no Amado.
>
> Efésios 1.4-6

Diante dessa luta constante entre o desejo de se manter irrepreensível e a natureza pecaminosa, muitas vezes entramos em crise. A solução é compreender quem exatamente é o Senhor a quem servimos, qual é sua natureza e como ele

122 REFLEXOS DA ALMA

verdadeiramente nos enxerga. Afinal, quem somos nós aos olhos de Deus?

Nossa visão limitada sobre quem o Senhor é muitas vezes nos restringe de tal maneira que somos impedidas de viver a plenitude daquilo para que ele nos criou. Precisamos dar muita atenção a isso, pois, como mulheres e cristãs, cumprir a vontade de Deus é algo extremamente importante para nós. Afinal, todas desejamos que nossa caminhada de fé seja plena! Todas queremos que os propósitos do Senhor para nós se cumpram! Nesse sentido, precisamos ter muito claro que o poder para a realização dos planos de Deus vem não do que vemos, mas, sim, do que não vemos.

Como assim? Entenda: Deus é eterno. Ele existe desde antes da fundação do universo, como as Escrituras afirmam em diferentes passagens. Davi, por exemplo, escreveu: "Deus [...] reina desde a eternidade" (Sl 55.19). Paulo ratificou essa realidade: "Ao Rei eterno, o Deus único, imortal e invisível, sejam honra e glória para todo o sempre" (1Tm 1.17). Ele é o rei eterno, que reina desde a eternidade. Isso significa que Deus existia antes mesmo da criação do tempo. Deus estava antes do tempo, ele existe no tempo e seguirá existindo depois do fim dos tempos. Antes do tempo, Deus ordenou que o tempo existisse. Determinou que o mundo fosse criado. O Senhor tem poder para isso pelo simples pronunciar de uma palavra. Ele é Todo-poderoso. É rei. É eterno. E nós somos filhas desse ser magnífico!

Mas a nossa visão limitada acerca de Deus cria um obstáculo, que impede a manifestação plena de quem ele é dentro de nós. Assim, se você quer tudo o que Deus é e tem para dar, mas estabelece limites à atuação do Senhor; se sua visão sobre ele é pequena, restrita, confinada... jamais se verá plenamente como ele a vê. Como é possível solucionar esse problema? Precisamos nos elevar a um patamar em que enxerguemos Deus como ele é, pois só assim compreenderemos a extensão da sua graça, que impacta diretamente o modo como o Senhor nos vê. Naturalmente, é impossível para qualquer ser humano ter uma compreensão absoluta acerca da pessoa do Senhor, uma vez que ele é insondável.

> Ó profundidade da riqueza da sabedoria e do conhecimento de Deus! Quão insondáveis são os seus juízos e inescrutáveis os seus caminhos! Quem conheceu a mente do Senhor? Ou quem foi seu conselheiro? Quem primeiro lhe deu, para que ele o recompense? Pois dele, por ele e para ele são todas as coisas.
>
> Romanos 11.33-36

Sim, o Todo-poderoso é incompreensível em sua plenitude. Podemos, porém, ter um entendimento mínimo a respeito do Senhor que nos dê um vislumbre de seus atributos e de seu poder. Saber que ele já era antes do tempo, continuou sendo no tempo e continuará para além do tempo é um começo excelente para dimensionar a grandeza de Deus e de sua graça, pois a graça divina existe na mesma proporção que sua majestade. Compreender quão maravilhoso é o Deus eterno nos faz enxergar com mais clareza a enormidade de sua graça, de seu amor, seu perdão, sua misericórdia.

A Bíblia revela: "Deus age em todas as coisas para o bem daqueles que o amam, dos que foram chamados de acordo com o seu propósito" (Rm 8.28). Você ama a Deus. A conclusão evidente é que ele age em tudo para o seu bem. O que

124   REFLEXOS DA ALMA

quer que você esteja experimentando, Deus a conhece. Como posso saber disso? Porque nos dois versículos seguintes, lemos esta afirmação:

> Pois aqueles que de antemão conheceu, também os predestinou para serem conformes à imagem de seu Filho, a fim de que ele seja o primogênito entre muitos irmãos. E aos que predestinou, também chamou; aos que chamou, também justificou; aos que justificou, também glorificou.
>
> Romanos 8.29-30

Essa realidade mostra que o Deus eterno conheceu você na eternidade, antes que o tempo fosse criado. Ele a pré--conheceu. O Senhor conhece seu passado, presente e futuro. Ele tem um plano para a sua vida e detém a capacidade de trazer à existência tudo o que planejou — apesar de seus pecados. Porque o plano dele para você começou a ser formado antes mesmo deste tempo. É um conceito impressionante.

> *Compreender quão maravilhoso é o Deus eterno nos faz enxergar com mais clareza a enormidade de sua graça, de seu amor, seu perdão, sua misericórdia.*

As Escrituras também dizem: "O SENHOR, o seu Deus, está em seu meio, poderoso para salvar. Ele se regozijará em você; com o seu amor a renovará, ele se regozijará em você com brados de alegria" (Sf 3.17). Não há nada em nosso passado que o Senhor não conheça. E ele sabe tudo do nosso futuro, porque nos conhecia antes de termos sido criadas. Ele nos aquieta com seu amor. Podemos respirar fundo e receber o amor de Deus, a despeito de nossa inclinação para o mal. Ele nos conhecia antes de a terra existir, porque é eterno. Ele nos aquieta com seu amor. Ele nos perdoará e nos erguerá, pois está construindo nossa autoconfiança, autoestima, coragem e fé. Quem nos salva e nos renova é o Deus do universo, eterno, Alfa e Ômega.

Romanos 8.29 diz que, antes do tempo, o Criador a conheceu. Ele predestinou você. *Predestinar* significa que ele a projetou antes do tempo. Deus determinou tudo sobre a sua pessoa. Ele é aquele que projetou você para ser uma mulher. Não existe, para o Senhor, o conceito de "unissex". Em Deus, temos a mulher e o homem, e ambos são maravilhosos. Ele pré-projetou a mulher de modo único, porque tomou do lado do homem um pedaço de osso. O osso é um material diferente do solo, que é a substância da qual o homem foi criado: o solo é macio e o osso é duro. O homem foi feito forte a partir do solo macio. Deus tomou a força do osso e fez a mulher macia. Antes do tempo, Deus determinou a sua feminilidade.

O tecido macio do osso é a medula óssea. É a partir dessa parte macia do osso que a vida no corpo é produzida. Quinhentos bilhões de células são produzidas diariamente pela medula. Deus predestinou a mulher para ser uma geradora e desenvolvedora de vida. Ele criou o ventre para ser o doador de vida. Mulher, você foi predestinada para ter filhos. É certo que alguns ventres estão fechados, algumas mulheres podem não ter filhos — mas, quer você tenha, quer não, foi projetada para tê-los. É parte do desígnio de Deus, um desejo concebido antes do tempo. Você é feminina por vontade divina.

126 REFLEXOS DA ALMA

Pense em seu corpo. Sua estatura e altura, o formato do seu nariz, todas as medidas de seu corpo: tudo é fruto de um plano genético de Deus para a reprodução. Você é quem ele projetou como espírito. Nós não o adoramos de forma rotineira, com hábitos espirituais. Nós adoramos aquele que é Espírito, eterno, que nos desenhou na eternidade para adorá-lo em espírito e em verdade: "Está chegando a hora, e de fato já chegou, em que os verdadeiros adoradores adorarão o Pai em espírito e em verdade. São estes os adoradores que o Pai procura. Deus é espírito, e é necessário que os seus adoradores o adorem em espírito e em verdade" (Jo 4.23-24).

> *Você é feminina por vontade divina.*

O Senhor nos fez para nos conformarmos à sua imagem. A mulher aos olhos de Deus deve ter a imagem dele.

FEITA PARA REFLETIR A GLÓRIA DIVINA

Lembra-se de quando o Senhor deu a Moisés os Dez Mandamentos? O libertador de Israel viu a glória de Deus. Quando aquele homem entrou na presença do Todo-poderoso, a glória divina iluminou sua face. O nosso rosto revela o que se passa em nosso coração. Quando você tem um encontro com Deus, isso muda o seu interior e se reflete em sua face. Após aquele encontro, Moisés retornou para a vida cotidiana, mas, uma vez que tinha estado na presença de Deus, nada seria como antes. Para que as pessoas pudessem estar com ele, Moisés precisou pegar um véu e cobrir o rosto, que refletia a glória do Altíssimo.

A MULHER AOS OLHOS DE DEUS *127*

Ao descer do monte Sinai com as duas tábuas da aliança nas mãos, Moisés não sabia que o seu rosto resplandecia por ter conversado com o Senhor. Quando Arão e todos os israelitas viram Moisés com o rosto resplandecente, tiveram medo de aproximar-se dele. Ele, porém, os chamou; Arão e os líderes da comunidade atenderam, e Moisés falou com eles. Depois, todos os israelitas se aproximaram, e ele lhes transmitiu todos os mandamentos que o Senhor lhe tinha dado no monte Sinai. Quando acabou de falar com eles, cobriu o rosto com um véu. Mas toda vez que entrava para estar na presença do Senhor e falar com ele, tirava o véu até sair. Sempre que saía e contava aos israelitas tudo o que lhe havia sido ordenado, eles viam que o seu rosto resplandecia. Então, de novo Moisés cobria o rosto com o véu até entrar de novo para falar com o Senhor.

Êxodo 34.29-35

Um véu distorce a perspectiva de quem olha, pois impede que vejamos a pessoa como ela de fato é. Deus não deseja que você se apresente com uma imagem diferente. O Senhor a chamou para ser autêntica, verdadeira, mesmo em seus fracassos. Se parar para pensar, perceberá que não adianta tentar encobrir quem nós somos aos olhos de Deus, porque ele já nos conhecia antes. Antes do tempo. Antes de tudo. Não temos de fingir. Na verdade, não podemos mentir. Veja o caso de Ananias e Safira:

Um homem chamado Ananias, com Safira, sua mulher, também vendeu uma propriedade. Ele reteve parte do dinheiro para si, sabendo disso também sua mulher; e o restante levou e colocou aos pés dos apóstolos. Então perguntou Pedro: "Ananias, como

128 REFLEXOS DA ALMA

você permitiu que Satanás enchesse o seu coração, ao ponto de você mentir ao Espírito Santo e guardar para si uma parte do dinheiro que recebeu pela propriedade? Ela não lhe pertencia? E, depois de vendida, o dinheiro não estava em seu poder? O que o levou a pensar em fazer tal coisa? Você não mentiu aos homens, mas sim a Deus". Ouvindo isso, Ananias caiu morto.

Atos dos Apóstolos 5.1-5

É impossível tentar enganar a Deus. Ele sabe quem somos, melhor do que nós mesmas. É impensável tentarmos ser quem não somos aos olhos do Senhor. Na hora em que descortinamos nosso rosto, quando nos abrimos e abraçamos a verdade é que a glória celestial brilhará em nossa face. Isso ocorre quando somos conformadas à imagem do Filho, em uma caminhada diária de erros, arrependimentos, restaurações e acertos. Após a santificação vem a glorificação. O problema ocorre quando nossos pecados pesam tanto aos nossos olhos que acabam deformando a glória de Deus que existe em nós. Lembre-se de que, com o véu, Moisés distorceu aos olhos dos homens as características plenas da glória do Senhor e, com isso, afetou a imagem de quem Deus é. O que o Todo-poderoso fez, então? Leia o relato de Êxodo:

Disse Moisés: "Peço-te que me mostres a tua glória". E Deus respondeu: "Diante de você farei passar toda a minha bondade, e diante de você proclamarei o meu nome: o SENHOR. Terei misericórdia de quem eu quiser ter misericórdia, e terei compaixão de quem eu quiser ter compaixão". E acrescentou: "Você não poderá ver a minha face, porque ninguém poderá ver-me e continuar vivo". E prosseguiu o SENHOR: "Há aqui um lugar perto

A MULHER AOS OLHOS DE DEUS   *129*

de mim, onde você ficará, em cima de uma rocha. Quando a minha glória passar, eu o colocarei numa fenda da rocha e o cobrirei com a minha mão até que eu tenha acabado de passar. Então tirarei a minha mão e você verá as minhas costas; mas a minha face ninguém poderá ver". Disse o SENHOR a Moisés: "Talhe duas tábuas de pedra semelhantes às primeiras, e nelas escreverei as palavras que estavam nas primeiras tábuas que você quebrou. Esteja pronto pela manhã para subir ao monte Sinai. E lá mesmo, no alto do monte, apresente-se a mim. Ninguém poderá ir com você nem ficar em lugar algum do monte; nem mesmo ovelhas e bois deverão pastar diante do monte". Assim Moisés lavrou duas tábuas de pedra semelhantes às primeiras e subiu ao monte Sinai, logo de manhã, como o SENHOR lhe havia ordenado, levando nas mãos as duas tábuas de pedra. Então o SENHOR desceu na nuvem, permaneceu ali com ele e proclamou o seu nome: o SENHOR. E passou diante de Moisés, proclamando: "SENHOR, SENHOR, Deus compassivo e misericordioso, paciente, cheio de amor e de fidelidade, que mantém o seu amor a milhares e perdoa a maldade, a rebelião e o pecado. Contudo, não deixa de punir o culpado; castiga os filhos e os netos pelo pecado de seus pais, até a terceira e a quarta gerações". Imediatamente Moisés prostrou-se com o rosto em terra, e o adorou.

Êxodo 33.18—34.8

O que vemos nessa passagem? Depois que Moisés deformou a imagem da glória de Deus aos olhos dos demais homens, o Senhor reafirma de modo muito claro para seu servo a sua imagem. Quem ele é. E que características dele o Senhor deseja ver refletidas em nós — logo, em nossa

130 REFLEXOS DA ALMA

face. Sou responsável por cuidar da minha face. O mais importante: preciso cuidar dos meus olhos. Quando nós, mulheres, nos vestimos e nos preparamos para sair de casa, a primeira coisa que devemos ter para atrair os outros não é a forma de nosso corpo, ainda que Deus nos tenha feito lindas. Não devemos tentar atrair alguém, homem ou mulher, pela maneira como nos enfeitamos, mas pelos nossos olhos, que revelam aspectos de nossa personalidade e de nossa alma. É por isso que os maquiadores sempre ressaltam os olhos. Se um maquiador os deixar escuros, quase com ar de malignidade, isso passará uma mensagem negativa, porque os olhos são o reflexo do que se passa no coração. As Escrituras dizem que os olhos são a candeia do corpo. "Se os seus olhos forem bons, todo o seu corpo será cheio de luz. Mas se os seus olhos forem maus, todo o seu corpo será cheio de trevas" (Mt 6.22-23).

Deus quer usar tudo o que há a seu respeito para a glória dele. Por isso, é importante que, aos olhos do Senhor, você cumpra esse papel e o glorifique em tudo o que fizer. Assim, o seu pecado será obscurecido pela glória do Senhor em você.

A GLÓRIA DE DEUS ENCOBRE SEUS PECADOS

Deus nos projetou antes do tempo para que reflitamos sua glória. Acompanhando a sequência que Paulo especificou em Romanos 8.29-30, ele "de antemão conheceu", também "predestinou para serem conformes à imagem de seu Filho, a fim de que ele seja o primogênito entre muitos irmãos" e, "aos que predestinou, também chamou". Em seguida, descobrimos que "aos que chamou, também justificou", ou seja, depois que o Senhor nos projetou (fora do tempo), ele nos chamou (dentro do tempo) e, então, nos justificou. O que isso significa? Que, mesmo depois da entrada do pecado na humanidade, fomos feitas justas aos olhos de Deus.

E, aqui, precisamos entender uma verdade importante sobre o pecado. A iniquidade do ser humano distorceu totalmente a história da mulher. Na cultura judaica, já no primeiro século, as mulheres eram consideradas apenas uma propriedade. Quando se perguntava a um homem o que ele possuía, era comum ouvir uma resposta como "Eu possuo vacas, cabras, rebanhos e mulheres". Éramos propriedades. O sexo feminino não tinha direito algum, não podia escolher se divorciar, por exemplo, embora os homens pudessem. As casas, na cultura judaica em que Cristo viveu, eram divididas. A área pública era uma sala onde as mulheres não tinham autorização para entrar. Nas casas havia áreas específicas para mulheres e para homens. Preste atenção neste conhecido relato de um episódio da vida de Jesus:

Caminhando Jesus e os seus discípulos, chegaram a um povoado, onde certa mulher chamada Marta o recebeu em sua casa. Maria, sua irmã, ficou sentada aos pés do Senhor, ouvindo a sua palavra. Marta, porém, estava ocupada com muito serviço. E, aproximando-se dele, perguntou: "Senhor, não te importas que minha irmã tenha me deixado sozinha com o serviço? Dize-lhe que me ajude!" Respondeu o Senhor: "Marta! Marta! Você está preocupada e inquieta com muitas coisas; todavia apenas uma é necessária. Maria escolheu a boa parte, e esta não lhe será tirada".

Lucas 10.38-42

132 REFLEXOS DA ALMA

Um aspecto maravilhoso sobre a história de Maria, irmã de Marta e Lázaro, é que ela não poderia estar na mesma sala em que Jesus se encontrava no episódio em que estava sentada aos pés do Senhor ouvindo sua instrução. O Mestre estava ensinando homens. As mulheres não eram autorizadas a receber educação; elas não estudavam. Isso porque o pecado mudou a cultura, e a cultura mudou a percepção da identidade de uma mulher. Nós passamos a nos ver como os homens nos viam, não como Deus nos via.

Naquele momento da história, as mulheres não tinham liberdade. Mas quando Jesus subiu à cruz, ele nos justificou, apagou nosso pecado. Não nos perguntou o que tínhamos a lhe oferecer para entrar em seu reino. Não barganhou a entrada no céu por beleza, dinheiro ou qualquer outra coisa. O que Cristo pediu foi o nosso pecado. É como se tivesse dito: "Se você me der todo o seu pecado, eu lhe darei toda a minha justiça". Ele a justificou. Jesus é seu justificador, ou seja, ele a faz justa aos olhos do Pai como se você nunca tivesse transgredido a sua santa vontade. Por isso, ele deseja que você entregue a Deus tudo o que o pecado lhe causou no passado, no presente e o que ainda fará com você no futuro.

Se você entender isso, Deus restaurará a sua nação por meio de sua vida, assim como fez com a história de Israel. Quando o Brasil foi colonizado por Portugal, o abuso das mulheres veio junto com os colonizadores. E isso ainda não foi consertado porque só o será mediante a nossa submissão a tudo aquilo que a cruz fez por nós. Deus nos restaurou para vivermos de modo santo e inculpável diante dele.

> *Quando Jesus subiu à cruz, ele nos justificou, apagou nosso pecado. Não nos perguntou o que tínhamos a lhe oferecer para entrar em seu reino. Não barganhou a entrada no céu por beleza, dinheiro ou qualquer outra coisa. O que Cristo pediu foi o nosso pecado.*

Por fim, vemos que "aos que [Deus] justificou, também glorificou" (Rm 8.30). Esse é o final, o alvo: a glorificação. O que isso significa? Glorificação é refletir a essência de quem Deus é. Jesus disse ao Pai, se referindo aos seus discípulos: "Tudo o que tenho é teu, e tudo o que tens é meu. E eu tenho sido glorificado por meio deles" (Jo 17.10). Isso significa que, quando você reflete a glória do Senhor, todos passam a ver diferença. E *todos* inclui o próprio Senhor! Ele olha para você e o que vê é a própria glória, por meio do sangue de Cristo, não mais os seus pecados. Moisés tinha estado na presença de Deus, sabia quem era em Deus e, por isso, refletia a glória do Senhor para todos. Ninguém olhava para ele e dizia "Vejam o pecado que há nesse homem". Em vez disso, diziam: "Vejam a glória de Deus que está refletida nesse homem".

Quando refletimos a glória do Senhor, nossos olhos brilham. Você sorri de um jeito diferente e passa a se conduzir de maneira diferente. Em uma situação em que, normalmente, sentiria ira, por exemplo, o seu rosto passa a refletir o amor paciente de Deus. Isso ocorre porque você está refletindo a natureza de Deus, que é tardio em irar-se, é gracioso e bondoso e seu amor permanece para sempre.

134 REFLEXOS DA ALMA

A alma humana tem três necessidades básicas: significado, aceitação e segurança. E você encontra significado, aceitação e segurança em Cristo. Nunca se esqueça de que você foi pré-projetada e chamada pelo seu Pai. Estamos falando de uma revolução, que nos faz enxergar a nós mesmas como Deus nos enxerga. Olhe para si mesma. Veja seus olhos brilhando. Contemple o perdão do Senhor apagando seus pecados, todos eles. Perceba a glória do Criador sobre a sua vida, por meio da cruz de Cristo. É importante que tenha essa percepção — porque é exatamente assim que Deus percebe você. Ele a contempla dos altos céus, vê o sangue do Cordeiro sobre sua vida e enxerga a glória redentora de Cristo, que obscurece todo e qualquer pecado.

Olhe para o espelho e diga: "Aos olhos de Deus, eu tenho significância. Eu sou aceita. Eu tenho segurança. Eu fui perdoada. Eu fui feita justa". E a glória do Senhor brilha em sua vida.

Para refletir e viver

1. Qual é a solução para o conflito constante entre o desejo de nos mantermos irrepreensíveis e a realidade de nossa natureza pecaminosa?

2. De que maneira nossa visão limitada sobre quem Deus é nos impede de viver a plenitude do propósito para o qual ele nos criou?

3. Como a compreensão de que Deus existia antes mesmo da criação do tempo pode nos ajudar a ter uma

autoimagem que esteja em conformidade com a imagem que o Senhor tem de nós?

4. Por que a compreensão de quão maravilhoso é o Deus eterno nos faz enxergar com mais clareza a enormidade de sua graça, de seu amor, seu perdão, sua misericórdia?

5. Você acredita que seus pecados têm o poder de atrapalhar o cumprimento do plano de Deus para a sua vida, estabelecido antes mesmo da criação do tempo?

6. Como a sua caminhada diária de erros, arrependimentos, restaurações e acertos pode ajudá-la a ser conformada à imagem de Jesus?

7. Após ter lido este capítulo, você acha que Deus a enxerga como uma pecadora perdida ou como filha dele, justificada por Cristo, alguém que reflete sua glória?

Conclusão

Ana Paula Valadão Bessa

E agora? Você chega ao final desta leitura e eu lhe pergunto: se pudesse se olhar no espelho neste exato momento, o que você veria? Que palavras diria sobre a imagem refletida? Minha oração é que, ao longo de cada página, as mentiras nas quais você acreditou por tanto tempo tenham caído ao chão e que você nunca mais acredite nelas. Jogue-as no lixo de uma vez por todas e escolha substituí-las definitivamente pela Verdade.

É possível que, ao começar a viver o dia a dia, alguns espaços pareçam vazios, porque, antes, eram ocupados por mentiras, por conceitos errados e deformados. Todos os espaços de sua vida precisam ser preenchidos e reforçados pela Verdade que você conhece agora. Não dê trégua nesta batalha. O inimigo não é apenas mentiroso, ele é o pai da mentira (Jo 8.44) e tentará retomar o terreno perdido. Fique alerta! Lembre-se da arma usada pelo próprio Cristo para resistir e vencer as astúcias de Satanás: "Está escrito" (Lc 4.4), ou seja, a Palavra.

138   REFLEXOS DA ALMA

> *Minha oração é que, ao longo de cada página, as mentiras nas quais você acreditou por tanto tempo tenham caído ao chão e que você nunca mais acredite nelas.*

Permaneça firme e avance, conhecendo mais e mais a Deus e o que ele diz a seu respeito. Nunca mais se olhe pelos espelhos deformadores da sociedade, do passado ou das expectativas frustradas. Ao menor sinal de autorrejeição, grite a Verdade do amor de Deus demonstrado na cruz do Calvário pela sua vida. Ele já provou o quanto a ama e como você tem um alto valor.

Mergulhe no que o Senhor diz sobre o projeto maravilhoso que ele mesmo criou: a família. Julgue pela Palavra a herança que você recebeu de seus pais, avós e demais parentes, e seja livre para refletir os valores da família segundo o espelho de Deus! Deixe as ofensas e mágoas cobertas pelo sangue de Jesus e reflita relacionamentos curados na sua casa e com sua parentela.

Ao olhar para os homens ao seu redor, seja o cônjuge, pais, irmãos ou colegas de trabalho, enxergue-os por meio de uma mente renovada em Cristo. Veja o valor que Deus dá ao gênero masculino e ministre a eles o respeito, a honra e a submissão devida como mulher de Deus que você é. Seja uma encorajadora, que valoriza as características refletidas pelo espelho de Deus para o homem e libere todo o potencial que o Senhor já colocou na vida dele.

Enxergue-se como mãe, doadora de vida, guia que conduz seus filhos ensinando-os no caminho em que devem andar. Você tem uma promessa: "Ainda quando for velho, não se desviará dele" (Pv 22.6, RA). Olhe e encontre no espelho da Palavra de Deus toda a sabedoria que ele confiou a você para ser a edificadora do lar, a guardiã dessa atmosfera de paz e amor que nutrirá e formará o coração de seus filhos.

Olhe para o alto. Veja o sorriso de Deus quando pensa em você. Acredite no tanto que ele a ama e quer bem. Confie em sua graça, que, de antemão, a conheceu, predestinou, chamou, justificou e glorificou! Em Cristo você encontrou todo seu significado, aceitação e segurança. O espelho de Deus mostra que o seu reflexo hoje é Cristo vivo em você!

> *Veja o valor que Deus dá ao gênero masculino e ministre a eles o respeito, a honra e a submissão devida como mulher de Deus que você é.*

Guarde essas verdades bem firmadas em seu coração e resista aos ataques do mentiroso e enganador. Aprendi sobre um detector de mentiras que funciona e é muito fácil de usar. Você quer aprender? É simples. Diante de qualquer pensamento ou afirmação, acerca de você mesma ou de sua família, dos homens, de seus filhos, de circunstâncias ao seu redor, siga os seguintes passos:

1. O ataque vem: "Eu sou feia!"
2. Teste: "Meu Pai celestial me diz que eu sou feia?"
3. Verdade ou mentira? "Mentira!"
4. Substitua a mentira pela Verdade: "Meu Pai celestial me diz que eu sou linda, e cada detalhe em mim foi tecido por ele como por um artesão".

140 REFLEXOS DA ALMA

Resposta bíblica: "Tu criaste o íntimo do meu ser e me teceste no ventre de minha mãe. Eu te louvo porque me fizeste de modo especial e admirável. Tuas obras são maravilhosas! Digo isso com convicção" (Sl 139.13-14).

1. O ataque vem: "Eu sou fraca e não vou conseguir!"
2. Teste: "Meu Pai celestial me diz que eu sou fraca e não vou conseguir?"
3. Verdade ou mentira? "Mentira!"
4. Substitua a mentira pela Verdade: "Meu Pai celestial me diz que em minhas fraquezas o poder dele é aperfeiçoado em mim. Ele me diz que eu vou conseguir".

Resposta bíblica: "Mas ele me disse: 'Minha graça é suficiente para você, pois o meu poder se aperfeiçoa na fraqueza'. Portanto, eu me gloriarei ainda mais alegremente em minhas fraquezas, para que o poder de Cristo repouse em mim" (2Co 12.9).

1. O ataque vem: "Eu não posso vencer essa dificuldade!"
2. Teste: "Meu Pai celestial me diz que eu não posso vencer essa dificuldade?"
3. Verdade ou mentira? "Mentira!"
4. Substitua a mentira pela Verdade: "Meu Pai celestial me diz que eu sou mais que vencedora em Cristo Jesus".

Resposta bíblica: "Mas, em todas estas coisas somos mais que vencedores, por meio daquele que nos amou. Pois estou convencido de que nem morte nem vida, nem anjos nem

CONCLUSÃO **141**

demônios, nem o presente nem o futuro, nem quaisquer poderes, nem altura nem profundidade, nem qualquer outra coisa na criação será capaz de nos separar do amor de Deus que está em Cristo Jesus, nosso Senhor" (Rm 8.37-39).

1. O ataque vem: "Desta vez não posso perdoar meu irmão".
2. Teste: "Meu Pai celestial me diz que desta vez não posso perdoar meu irmão?"
3. Verdade ou mentira? "Mentira!"
4. Substitua a mentira pela Verdade: "Meu Pai celestial me diz que eu sempre posso perdoar meu irmão".

Resposta bíblica: "Então Pedro aproximou-se de Jesus e perguntou: 'Senhor, quantas vezes deverei perdoar a meu irmão quando ele pecar contra mim? Até sete vezes?' Jesus respondeu: 'Eu lhe digo: Não até sete, mas até setenta vezes sete'" (Mt 18.21-22).

1. O ataque vem: "Eu não consigo ser uma mulher sábia para edificar o meu lar".
2. Teste: "Meu Pai celestial me diz que eu não consigo ser a mulher sábia que edifica o lar?"
3. Verdade ou mentira? "Mentira!"
4. Substitua a mentira pela Verdade: "Meu Pai celestial me diz que eu consigo ser uma mulher sábia para edificar o meu lar".

Resposta bíblica: "Se algum de vocês tem falta de sabedoria, peça-a a Deus, que a todos dá livremente, de boa vontade; e lhe será concedida" (Tg 1.5).

142 REFLEXOS DA ALMA

Assim, na prática constante da Verdade, os reflexos de sua alma revelarão a identidade restaurada por Deus, em Cristo Jesus. O processo é o de desconstruir para, depois, restaurar. O final é um edifício firme, inabalável, pois o fundamento é Cristo — e sua vida está nele. Tempestades virão, para tentar abater a obra realizada em sua vida, mas não tenha medo. O inimigo já está derrotado. E você está revestida da armadura de Deus para não retroceder. Ao contrário, você avançará (Mt 16.18) contra o território ocupado pelo inimigo e libertará outras mulheres e famílias, vidas que ainda estão perdidas e sem esperança, em cativeiro, como você esteve um dia.

Finalmente, fortaleçam-se no Senhor e no seu forte poder. Vistam toda a armadura de Deus, para poderem ficar firmes contra as ciladas do Diabo, pois a nossa luta não é contra seres humanos, mas contra os poderes e autoridades, contra os dominadores deste mundo de trevas, contra as forças espirituais do mal nas regiões celestiais. Por isso, vistam toda a armadura de Deus, para que possam resistir no dia mau e permanecer inabaláveis, depois de terem feito tudo. Assim, mantenham-se firmes, cingindo-se com o cinto da verdade, vestindo a couraça da justiça e tendo os pés calçados com a prontidão do evangelho da paz. Além disso, usem o escudo da fé, com o qual vocês poderão apagar todas as setas inflamadas do Maligno. Usem o capacete da salvação e a espada do Espírito, que é a palavra de Deus. Orem no Espírito em todas as ocasiões, com toda oração e súplica; tendo isso em mente, estejam atentos e perseverem na oração por todos os santos.

Efésios 6.10-18

Mulher, revista-se da autoridade da Palavra e avance! E lembre-se: todas as vezes em que se olhar no espelho, veja Cristo refletido em você!

Sobre as autoras

Ana Paula Valadão Bessa é pastora da Igreja Batista da Lagoinha, em Belo Horizonte (MG). Compositora e cantora, é líder do Diante do Trono, ministério de louvor criado em 1998. Fundou o Centro de Treinamento Ministerial Diante do Trono (CTMDT), que forma artistas, missionários e pastores. Criou, também, a Fábrica de Artes. Desenvolve trabalhos para o público infantil e, desde 2011, ministra para mulheres. Ana já viajou para cantar e ensinar em diversos países. Seus congressos de Adoração e Intercessão e o Congresso Mulheres Diante do Trono alcançam multidões em todo o Brasil. Seu principal ministério é ser esposa de Gustavo Bessa e mãe de dois filhos, Isaque e Benjamim.

Devi Titus está entre as mais reconhecidas conferencistas e escritoras cristãs dos Estados Unidos. É uma comunicadora premiada pela Washington Press Women's Association e fala para centenas de milhares de pessoas todos os anos. Fundou, com seu marido, Larry, a organização internacional Kingdom Global Ministries (Ministérios Reino Global), que visa a facilitar a missão de outros ministérios ao redor do mundo. Devi é uma líder de líderes e tem servido em conselhos e diversas organizações. Atualmente, é presidente da Rede Mundial de Esposas de Pastores. Devi é a fundadora da chamada Mansão Mentorial e, por meio desse programa, ensina a mulheres princípios bíblicos e práticos acerca do lar. Casada com Larry Titus, tem um casal de filhos, seis netos e nove bisnetos.

Helena Tannure é palestrante nas áreas de caráter cristão, família, arte, papel da mulher, louvor e intercessão. Atuou como cantora do Ministério de Louvor e Adoração Diante do Trono, no qual, junto com seu esposo, também participou da criação do Ministério Crianças Diante do Trono. Foi professora do Centro de Treinamento Ministerial Diante do Trono (CTMDT). Como apresentadora de televisão, tem em seu currículo programas como *Diante do Trono, Chá das Quatro, Clube 700* e *Na Hora H*. É casada com João Lúcio e mãe de Clara, Miguel, Arthur e Sofia.

Conheça outras obras

das autoras

Ana Paula Valadão Bessa
Bíblia Mulheres Diante do Trono (org.)

Devi Titus
A experiência da mesa

Helena Tannure
Seja feliz hoje

ANOTAÇÕES

ANOTAÇÕES

Anotações

Anotações

Anotações

ANOTAÇÕES

ANOTAÇÕES

ANOTAÇÕES

Compartilhe suas impressões de leitura escrevendo para:
opiniao-do-leitor@mundocristao.com.br
Acesse nosso *site:* www.mundocristao.com.br.

Projeto gráfico	Sonia Peticov
Diagramação:	Luciana Di Iorio
Revisão:	Patrícia Almeida
Gráfica:	Assahi
Fonte:	Arrus BT
Papel:	Pólen Soft 70 g/m^2 (miolo)
	Cartão 250 g/m^2 (capa)